U0803089

business | 企业管理

bus

创新之路

提升商业价值的八大创新法则

The INNOVATOR'S Path

How Individuals, Teams, and Organizations Can Make Innovation Business-as-usual

［美］ 毛正行（MADGE M. MEYER） 著
侯伟鹏 译

中信出版集团 · CHINACITICPRESS · 北京 ·

图书在版编目（CIP）数据

创新之路：提升商业价值的八大创新法则 /（美）毛正行著；侯伟鹏译 . -- 北京：中信出版社，2016.1
书名原文：The Innovator's Path
ISBN 978-7-5086-5567-3

Ⅰ . ①创… Ⅱ . ①毛… ②侯… Ⅲ . ①企业管理—创新管理 Ⅳ . ① F270

中国版本图书馆 CIP 数据核字 (2015) 第 239716 号

The Innovator's Path: How Individuals, Teams, and Organizations Can Make Innovation Business-as-Usual
Madge M. Meyer
Copyright © 2013 By Madge Mao Meyer
This edition arranged with Joelle Delbourgo Associates,Inc
through Andrew Nurnberg Associates International Limited
Simplified Chinese translation copyright © 2016 by CITIC Press Corporation
ALL RIGHTS RESERVED .
本书仅限中国大陆地区发行销售。

创新之路：提升商业价值的八大创新法则

著　　者：［美］毛正行
译　　者：侯伟鹏
策划推广：中信出版社（China CITIC Press）
出版发行：中信出版集团股份有限公司
（北京市朝阳区惠新东街甲 4 号富盛大厦 2 座　邮编　100029）
（CITIC Publishing Group）
承 印 者：北京楠萍印刷有限公司

开　　本：787mm × 1092mm　1/16　　印　　张：15.5　　字　　数：174 千字
版　　次：2016 年 1 月第 1 版　　印　　次：2016 年 1 月第 1 次印刷
京权图字：01-2014-8371　　广告经营许可证：京朝工商广字第 8087 号
书　　号：ISBN 978-7-5086-5567-3 / F · 3501
定　　价：45.00 元

版权所有 · 侵权必究
凡购本社图书，如有缺页、倒页、脱页，由发行公司负责退换
服务热线：010 - 84849555　　服务传真：010 - 84849000
投稿邮箱：author@ citicpub. com

序言

当拿起毛正行写的《创新之路》(*The Innovator's Path*)这本书时，我眼前不禁浮现出自己入职道富银行(State Street Bank)第一周时的情景。我曾经为道富银行的竞争对手工作了 20 年，在那里，我目睹了道富银行的成长壮大，见证了其在共同基金领域建立起不可逾越的竞争优势。幸运的是，在与道富银行较劲 20 年之后，我有幸加入该公司，负责管理其最大的共同基金业务。入职第一周的经历就让我明白，道富银行为什么能持续成功，而之前我与道富银行的较劲又为什么如此吃力。

入职第一周，我早早地和公司的多名高管进行了交流。他们中的一位把我拉到一边，告诉我说："记住，你不是在一家银行工作，你是在一家银行外表下的 IT(互联网技术)公司工作。"这下我总算明白了，为什么与道富银行较劲那么吃力，因为我之前所在的银行仅仅把 IT 看作是一种"不得不用的华而不实的技术手段"。

很早以前，道富银行对毛正行在本书中所讲的道理就已经了然于心，并把创新融入公司的血液。在如今快速发展的高科技行业，这种思维空前重要。我认为，所有使用现代技术的行业，以及与科技相关的行业，不管具体从事什么业务，都要具备 IT 思维，在实施创新时更是如此。

在我入职第一周几天之后，一个年轻、有闯劲儿的营销员冲到我的办公室，说需要我支持他开发一款新产品，他的原话是，这款新产品“将会为共同基金行业带来一场革命，我们公司需要拔得头筹，以便取得先发优势”。当时这个营销员正在与道富环球资产管理部门和美国证券交易所合作，设计一款可以通过证券交易所交易的共同基金产品。新产品的成本优势十分明显，所以它所收取的咨询费将会远低于传统共同基金产品，而这仅仅是新产品的众多优势之一。这款新产品就是现在人们所熟知的交易所交易基金（Exchange-Traded Funds，ETFs）。这件事发生在 1991 年，现在我们知道，1993 年上半年道富银行推出了第一只 ETF，即标准普尔存托凭证（Standard and Poor’s Depository Receipt，SPDR），如今，这只基金仍然是世界上最大的 ETF，而从投资的角度看，这只基金也确实“为传统基金行业带来了一场革命”。

那么，到底是什么样的公司氛围，才能孕育出 ETF 这样的创意产品呢？这需要公司给予员工充分的自由，使其可以调动各种资源来满足客户的现实需求。即使员工的创意会对公司规模最大、利润最高的共同基金业务带来颠覆性影响，公司也会认真考虑。新的创意如何能通过层层阻碍，在年度预算、削减开支及部门竞争等流程和压力下不被扼杀？我相信读者可以从本书中找到答案。是的，答案就是将创新融入公司的血液。而创新如何才能融入公司的血液呢？这需要公司制定行为准则，提供简明易懂的方法，并在内部大力推行，以此作为众人共同的工作和思维方式。而这一切的起点，源于公司对自身的认知。创意并非总是源于 IT 部门，IT 部门创意迭出仅仅是一个巧合。流程变化、监管创新、环境、地域、客户需求，以及其他许多因素都能孕育创新。

毛正行在本书中所描述的，就是通过简单的常识判断，跟踪创意流程，避免它们被过早地扼杀在摇篮中。她专注于八大创新法则，详细地讲解了一系列重要的技巧，这些技巧可以把好的创意转换为现实生产力，并进一步转换成公司的竞争优势。如果你把这些法则与ETF的例子相联系，就会发现它们既切合实际又富有成效。

我部门那个积极上进的营销员在向管理层提出他的创意之前，花了大量时间倾听客户——道富环球资产管理部门及美国证券交易所的意见和建议，反复研究创意的可行性，以确保其具有实际价值。他争取到包括我在内的关键人员的配合，来支持自己认为会成功的创意。他还需要其他人的配合，以使创意变成现实，因此他与IT、共同基金运营、法律及其他部门主动联系——正如毛正行所说，没有创新是与世隔绝的。这名营销员为了实现创意付出良多。员工把自己的职业生涯与一个创意挂钩，需要莫大的勇气。一家具有创新精神的公司，应当允许创意失败，否则没有人会勇于尝试。作为营销人员，这名营销员向公司内部推销他的创意，与他向外部客户推销服务并没有什么两样，并且在随后很长一段时间里，他坚持推广和执行创意，向我们展示了坚韧不拔的精神。而我们也并没有止步于此，时至今日，我们仍然对这一曾经改变行业规则的创意进行着不断的改进和更新。

对此，我能给出的最合理的解释就是，如果没有这八大法则，这些创意最终就不会实现。这就是本书值得一读的原因。不仅首席执行官和高级经理们，公司内部那些对创意拥有生杀大权的各级员工也应该仔细研读本书。只有当公司内部有更多的员工真正运用这八大法则的时候，这家公司才真正步入创新型公司的行列。

罗恩·罗格（Ron Logue）

道富集团主席兼首席执行官（已退休）

超越创新

面对全世界的听众，我不遗余力地宣传自己最感兴趣的话题：创新。有时我向企业的高级主管们授课，有时我向年轻的专家、学者或学生授课。但不管听众是谁，当他们聚集在教室前面想要和我交流时，我总是能够感受到我的观点被大家接受的喜悦。他们中的有些人仅仅是想和我握手，告诉我他们从我的演讲中获益匪浅；另一些人则带着问题或观点与我讨论。鉴于我的演讲场次众多，因此经常会有人告诉我，他们并不是第一次听我的演讲。这些之前就曾听过我演讲的人常向我讲述他们是如何把我的建议运用到实际之中的，并迫切希望与我分享他们的实践经验。不止一位听众对我说："你应该写一本书了，这样就能让更多的人和更多的公司从你的建议中汲取营养。"

好吧，最终我采纳了这一建议，本书由此而生。将本书称为《创新之路》，并不是因为我坚信所有人都必须遵循统一的创新路径才能成功，事实上也并非如此。与之相反，我们每个人都应该找到属于自己的创新之路。但不可否认的是，不管我们选择哪条道路，在创新的过程中都会面对类似的挑战，包括身边同事和管理者的理念、态度和行为。

而我可以骄傲地说，经过多年的经验积累，我归纳出了推动创新的一些基本方法，我将其称为法则，利用这些法则，我们的创新可以更加顺利和高效。个人、团队甚至整个公司都可以利用这些法则，并能够从这些法则衍生出来的具体方法、技巧中受益。这构成了本书的核心。

数十年来，我先后在 IBM（国际商业机器公司）、美林银行（Merrill Lynch）等公司任职（再加上最近的道富银行从业经历），我分别担任过执行副总裁、首席创新官和技术研究员等职务，在此期间，我将上述几项法则随着形势的发展变化进行适时调整，其真实性和可靠性不断得到验证。在这些大型公司任职期间，我主要负责提高公司的全球技术水平和创新能力，并带领团队取得了辉煌的成就，在过去的 10 年间赢得了 32 项行业大奖。如今，我希望通过本书与大家分享自己多年在不同行业的从业经历和从中学到的经验、知识。

超越创新

汉语中并没有与 Innovation 对应的单独词汇。因此，我就用“超越创新”来表达本书的内涵，并阐明我对创新的看法。

“超越”两个字的字根都是“走”，具体意思要根据语境来判断，如去、离开，或者顺路而行。

第一个字“超”，表示人们努力向前，或者更进一步，好于他/她当前的状况。

第二个字“越”，是指赶超或不断追求卓越，是一个持续的过程。“超越”两个字合在一起，相互强化，给人一种持续的、更进一步的感觉。

第三个字“创”，意思是“创造”。这个字的右边是“刂”，源于汉字中的“刀”。几千年前，人们使用刀或者利器，把文字刻在甲骨上，由此汉字“刀”有了“起源、实现，或者形成”的意思。这个字的左边是“仓”，意思是仓库，源于食物的“食”字。

第四个字“新”，意思是“从未出现的事物”。这个字的右边是“斤”，是“斧”字的象形文字，起着注音的作用。这个字的左边是“亲”，源于“辛”字，意思是艰苦。我喜欢用合成词“创新”来表达一种积极、向上的态度。

回顾我的职业生涯，我发现，那些能够成功踏上创新之路的人，具有一些共同的基本特征。特征之一是，他们通常意志坚定，乐于通过努力工作来实现自己坚定的目标。特征之二是，当面对新的信息和思路时，他们开放、包容，愿意尝试各种不同的方法来追求自己的理想。此外，多数创新者还有第三个特征，只要他们认为新方法可以加快目标的实现，他们就能够摒弃旧的假定，采用新的甚至不同寻常的方法。

另一方面，我也看到有些人，费尽心思地抓住他们习惯和看重的陈旧过往不放，即使在只有改变才能继续存活的情况下，他们也拒绝做出改变。当然这也不难理解，我们大多数人都更喜欢简明易懂、已经被事实证明的生活方式，习惯由此带来的熟悉感和安全感。我们会尽量避免与未经检验或证实的事物接触，这或许是因为，我们觉得它们太过复杂或自己并不擅长。

但快速变化已经成为我们生活和工作的新常态。这是无法避免的，更进一步说，我们为什么要逃避这种变化呢？变化可能是激动人心的，能带给我们全新的、积极向上的生活体验！这其实也是我写作本书的原因。如今的商业世界集缔造、创新和进取于一身，如果我们不改变，竞争对手就将改变。所以我决定指导尽可能多的人，学会如何把这种新常态融入日常工作中。我希望本书能够激励读者把创新当成工作的一部分。我们绝不能沉浸在对过往的缅怀中难以自拔。我们需要的是勇于创新，不管处于什么行业或从事什么工作，都要百尺竿头，更进一步。但我们绝大多数人都难以把自己归类于最优秀和最富有创意的人群之列，而仅仅是在自己的工作范围内较他人更胜一筹，在这种情况下，个人和企业如何才能茁壮成长呢？著名发明家内森·梅尔沃德（Nathan Myhrvold）曾任微软前首席技术官，对于创新型组织的特征，他分享了一些真知灼见，同时对“创新”特点不突出的我们，提出了一些期望：

> 创意是你所学知识的神奇组合,是你与生俱来的特质。对一家公司来讲，富有创意并不容易;对许多人来说，富有创意也同样困难。但在一家公司中，即使并非所有人都创意十足，这家公司依然可能成为一家创新型公司。秘诀在于，公司有勇于创新的态度。许多公司只是沉默地等待，期待创新的发生。但我认为，生活中的大多数事物，包括创新在内，如果你希望它发生，就要积极地去争取。灵光乍现时有发生,但经常思索如何解决问题的人，显然更容易得到幸运之光的眷顾。

我出生在中国上海，在十几岁的时候移居中国香港。我的成长经历、家庭氛围和所处的文化环境，对我的影响超乎想象。有趣的是，这些经历也让我获益良多，对我的事业大有帮助。我想，读者可能会对这种不同文化的背景很感兴趣，因此，在本书中，有关我个人一些与创新或多或少存在联系的趣事，我也把它们记录下来，与读者分享。此外，在每章中我还对传统的表意汉字进行了重新解读，以此来阐述创新的八大法则。

在筹划写作本书的时候，我咨询了银行、政府机关、教育以及军界的许多创新之星。我向他们询问对创新等多个问题的看法,他们的深邃点评和热情回复，让我欣喜而感动。在阅读本书的过程中,读者将会发现来自这些人的观点和建议，他们原汁原味的思想，增加了本书的深度，丰富了本书的内容，而这一切单靠我个人是根本无法做到的。希望你能喜欢!

在随后的引言中，我对“创新”一词进行了定义，并详细介绍了我在职业生涯和企业工作中一直遵循的八大创新法则。我总是能够从帮助同事和员工开辟他们自己的创新之路中获得巨大的快乐，而且我必须承认，我并不想让他们躺在过去的功劳簿上，而是会一直督促他们不断创新，没有什么比这个更让人激动的了。我希望通过本书,读者可以知道如何才能走出自己的创新和改变之路。

因此，让我们开始吧!

目录

第五章 連 连

第六章 承 承

◆引言

创新及八大法则

每当我问“你是一个创新者吗”的时候，人们常用一种奇怪的眼光看着我。有些人马上就能给出答案，但大多数人需要想一下才能回答。回答这个问题并不容易，这是有原因的。第一，人们对创新者的认知往往发生在创新之后，而不是创新之时。例如，2007 年的时候，萨尔汗（Sal Khan）还是一名对冲基金经理，他利用业余时间给他的侄子制作了优兔（YouTube）视频。5 年之后，他成立了萨尔汗学院，这是一所通过视频课件进行免费在线教育的学校，萨尔汗本人也被《时代周刊》（*Time Magazine*）提名为世界最具影响力的 100 人之一。

萨尔汗取得的成绩，为马克·安德森（Marc Andreessen）的观点做了最好的注解，马克·安德森是互联网的先知，也是安德森·霍洛维茨（Andreessen Horowitz）风险投资公司的共同发起者和合伙人，谈到创新的时候，他曾经说过：“当企业形成了一种鼓励改变、迎接改变和回报改变的文化氛围时，企业创新就出现了。今天看起来毫不起眼的想法，可能就是明天革命性变化的源头。”

正如萨尔汗一样，绝大多数创新者都属于为了实现特定目标或解决特定问题，而投入自己全部精力、才智和热情的人。他们中的少数人在合适的地点、恰当的时机找到了正确的解决方法，并最终影响了整个行业，重塑了文化，甚至影响到全世界。而绝大多数创新者的影响并不会波及全世界，但他们的创意依旧会在较小的范围内产生巨大的价值。

许多人觉得我的问题不好回答，还有第二个原因，那就是人们对创新者或者什么是创新并没有普遍认可的统一定义。

定义创新

为了更好地理解本书的观点，我建议大家开拓思路，好好想一想创新尤其是商业创新的含义。在我看来，创新是创造商业价值或增强企业竞争优势的新观点、新方案的统称。创新可以是一种新的或独特的流程、产品、服务、策略或任何东西，只要它能够创造价值或者增强竞争优势。我也建议大家，把那些正在开发或采用新观点、新方案来解决某一问题的人，看作是商业创新者。

我知道，有些人可能会认为这个定义太过宽泛，太过笼统，对此我可以理解。将创新定义得如此宽泛，是为了尽可能地缩小把一些人取得的杰出成就排除在外的概率，这些人通过创新真正为社会带来了翻天覆地的变化。这些成就往往十分显著，在其他领域也能得到认可。但我在写作本书时，怀着与此不同的目标：我的着眼点并非那些能带来根本性、颠覆性变化的思路或方案，而是那些能够创造商业价值、增强竞争优势的创意和改进。有时这是指颠覆性的创意，有时是指简单而巧妙的改进，通常情况则介于两者之间。

我可以给大家举一个与自身经历相关的例子。

让创新习以为常

当我在世界顶级的投资服务公司道富银行工作时，公司正处于史无前例的全球扩张阶段，并计划进一步扩大业务范围。当时，道富银行在欧洲和亚太地区的增长速度远远高于市场水平。公司同时也在改变运营模式，在全球各地对特定业务流程进行集中整合。作为道富集团全球基础设施服务部门的主管，我就职道富银行之后，首先采取的措施之一就是整合公司的全部网络体系，为提供创新型服务解决方案打好基础。这个整合网络体系的过程，将会作为例子出现在随后的章节中，但在本部分，我只想讲一项特别的创新，通过推动该项创新，我们解决了一个让公司困扰不已的问题。

根据道富银行的业务性质，为尽量避免数据传输过程中的时间延误，我们通常把数据中心建在客户公司附近。其结果是，道富银行建立了大量的数据中心和信息库，其规模大小不一，散布在全球各地。这些数据库建造、投入、管理和运作的成本之高，你完全可以想象。当道富银行开始迅速在全球扩张时，我们要寻找合适的地点、合适的建筑，及时进行设备安装，以保证数据库能够及时投入使用，因此我们面临的挑战越来越大。

道富银行在欧洲和亚洲业务的增长，在很大程度上得益于其在当地采用的并购策略，但并购意味着时间紧张且难以协调，控制难度较大。公司还需要通过特定的成本控制模型来预测并购成本。在这种情况下，我意识到，要继续满足业务发展的需要，加强时间管理和成本控制，替代性的解决方案势在必行。

我向自己的团队提出要求，告诉他们说，再也不能重复设立单独的数据中心了。起初，团队成员还有些担心新的思路可能会影响公司业务的拓展，耽误项目进度。但经过促膝长谈和实地调研，我们都意识到，再也不能坚持旧的工作思路了。对于不断变化和高速成长的公司来说，它需要全新的支持，我们也需要尽快满足其发展要求。我的团队接受了这项挑战，并紧急投入资源寻求解决方案。

当时，市场刚推出了一种名为网络加速设备的新技术产品。我们意识到，如果这款产品运作良好，就能够降低网络延迟，对于公司位于各个新办公区的员工来说，他们就能够从地区和公司的数据中心迅速取得所需数据资料，而不用求助于当地的数据中心。这项新技术产品的性能必须稳定可靠，要能够使员工在获取数据时，甚至感觉不出地区数据中心和当地数据中心的差别。

鉴于这种网络加速设备刚刚推出，我们的网络团队开始对其进行测试，并预计还需要 6 个月时间才能正式投入使用。这显然不能令人满意。为了推动一项重要业务的开展，公司的新业务整合团队对时间要求很紧，而当时我们在当地并没有数据库中心。因此，我通知新业务整合团队说，我们要冒点险：往前迈一步，在当地安装网络加速设备，尽管这一技术并未完全成熟。但如果该技术成功了，那么问题也将随之解决。而如果该技术失败了，我们就不得不尽快在当地建立一个新的数据库中心。

方案定下来之后，我们与网络加速设备开发公司沟通，要求他们提供最优支持。网络加速设备开发公司把顶级的工程人员派到我们偏僻的数据中心，与我们的团队并肩工作。他们出色地完成了网络加速设备的安装，设备运行也十分顺利，该系统的响应时间与建在当地的数据中心毫无差异。随后我们的团队集中力量，将这项技术和其他的高级网络、服务器以及桌面虚拟技术整合在一起，以开发一套“端至端”的解决方案。在几周之内，我们就拥有了一整套新的方案，为公司实时开展全球业务提供支持，而不再需要借助于当地的 IT 设备（包括服务器、存储器、邮件和备份等）。这套解决方案具有里程碑式的意义，我们甚至为此专门注册了商标——Zero Footprint，Maximum Impact(零污染，大改善)，也正是因为这套创新的解决方案，我们赢得了多项行业大奖。

这个过程中最有价值的，并不是我们做了些什么，也不是我们如何做到的，甚至不是我们推动的创新，而是这套解决方案带来的影响。当然，对最终使用者来说，这种影响是根本感觉不到的。实际上，这就是我们的目标！在基础设施建设方面，我们自然明白，用户觉察到得越少，实际效果就越好。但从业务价值方面来看，这项创新的影响却是实实在在的，也是极具战略意义的。

一如预期，该创新最显而易见的影响就是，在业务增长的同时，相关成本费用却急剧下降。公司可以充分利用现有的数据中心和存储设施，而无须专门建造新的数据中心用于服务器安装和数据存储。除了避免发生额外成本，该创新还能大幅减少因准备新的办公地点或整合已有资源而需要的前期准备时间和员工成本，通过降低准备时间和成本，公司的项目风险也随之减低，这对时间要求很高的并购项目来说，意义重大。

这项创新的影响远远超出了单个项目的范畴。在各区域数据中心内部，对数据基础设施和数据运用进行的集中整合，使公司对数据的控制能力和风险防范能力大幅提高。对当地项目办公室来说，这项创新使因系统维护而带来的停工成为历史，迎来了系统数据即刻恢复的新时代，在全球经济一体化背景下，这项创新对公司运营的重要性越发明显。这项创新也对公司高效管理、数据安全、信息备份以及其他重要的业务控制具有重要意义，并很好地解决了公司因快速发展而带来的常规问题。

随后不久，这项战略解决方案成了华尔街的标杆，公司在此后多年来一直从这项创新中受益。由于我们团队所做的工作,公司在全新的业务领域高歌猛进，取得了巨大的竞争优势，我们团队为公司业务的快速增长和在全球的成功运作做出了突出贡献。

在采用未经检验的新技术来实现大型业务解决方案时，我们进行了充分的风险评估，并由此获得了丰厚的回报。我们取得了成功，团队里的每个人都对此激动不已，他们的工作得到了业界的一致认可，这也成为他们个人职业生涯的一个里程碑。在这个故事中，最让我着迷的，还是团队成员不断重复的一句话，每当有人向他们表示祝贺时，他们总是说："这只是平常的一天罢了！"

而这就是本书所要表达的意思，我们应该使创新变得习以为常。

不同背景下的创新

鉴于我在大公司的职业经验和工作背景，本书的大部分内容都没有脱离这个范畴。但在写作本书时，我很幸运地得到了许多知名创新者和高管的帮助，他们的经历异常丰富。如果说之前我还心存疑问，那么现在我则是坚信无比：在创新方面，不管行业运营的背景如何，相似之处总是要多于不同之处。

我也有技术类和管理类的职业背景。我的职业生涯始于IBM（国际商业机器公司）的技术研究员，当时被分配到美国国家航空航天局（NASA）工作，编写双子座太空飞船（Gemini Space Flights）的电脑程序。多年之后，我转入IT信息技术设施（Information Technology）领域，而这很快成为我的专长。我说过，最不引人关注的设施才是最好的设施。通常情况下，只有当设施运作不良时，人们才会注意到它的存在。想想看，第四十七届超级碗（Superbowl XLVII）开赛之前，有几个球迷会为场馆的灯光花上半点心思？

这里提到我在IT方面的职业经历，是因为许多不同行业的创新都可以从中得到启发。IT设施方面的创新充满挑战，主要有以下几个原因：第一，除了一小部分人，没人会觉得IT设施"很酷"。对大多数公司来说，当一切都运转正常的时候，没人会对一个好的IT设施建设方案感兴趣，更不会提供资金或其他支持。通常情况下，更"酷"的现金流项目更受大家关注。而当问题被忽视，现有的基础设施无法顺利运转时，最好的解决时机已经错过，一切都太晚了。我们总是不能在恰当的时候对基础设施给予关注！更严重的是，公司对基础设施的要求在不断提高和变化，对基础设施需求的迫切度和频繁度前所未有。对于移动计算、网络会议和社交媒体等对工作方式的影响，我们都已经有了充分的认识，因此不难想象，为了应对变化，公司对基础设施数量和更新换代的需求将会多么大。不止如此，全球化、监管、外包等快速变化的业务形态，也对公司的基础设施需求存在着类似的巨大影响，尽管这一点很少有业务决策者能够提前预判。这就需要基础设施决策者针对业务和科技趋势进行预测，并做出科学规划，以确保未来当公司存在需求时，基础设施已经事先到位。

因此在这些年里，尽管没有研究和开发预算，客户也没有提出明确要求，更不存在显而易见的竞争压力，面对这种形势，我仍然坚持推动战略创新和技术创新。对于这些战略和技术，我也把它们称为法则，不管从当前来看是否“很酷”，这些法则都能够适用多种情境。

近来云计算、大数据和数据分析等最新技术的迅速发展，预计会对业务创新产生深远影响，我之所以认为 IT 基础设施的例子也适用于其他业务领域，这就是第二个原因。

如今科技已经渗透到各行各业，预计未来将发挥更加重要的战略作用。由于大数据和数据分析的发展，各行各业的公司都可以获取更为细致和庞大的数据资料，这为数据分析、预测和评价提供了可能，这在此前是无法想象的。而当大数据、数据分析与移动技术、云计算、社交媒体和其他不断涌现的新技术结合起来，创新的空间就进一步得到扩展。创新也在变得日益普遍，更为广泛的基层员工拥有了越来越多的战略创新机会，能够创造出更多的商业价值和更大的竞争优势，这一切在此前都是天方夜谭。

约翰·斯文森（John Swainson）是戴尔软件公司的总裁，也担任过冠群电脑的前首席执行官，我曾经向其请教，按照当前的发展形势，如何界定科技创新的内涵。他的回答与我的思路完全一致，读者将从下面的内容中找到答案。

如果能把不同的技术结合起来，它们就能产生化学反应，许多创新由此而生。一项创新难以产生 iPod（苹果公司设计和销售的系列便携式多功能数字多媒体播放器），ipod 是微电子、微硬件技术、通信技术、软件和影音技术综合造就的成果。苹果公司的远见卓识在于，它运用这些技术打造了一套完整的操作系统。拆分来看，ipod 并没有什么新奇之处。当然它很精致，并由苹果公司推向市场，苹果公司的营销方式十分独特，前所未有。但 ipod 真正的新颖之处，在于它独一无二的操作系统。我认为，未来只要将部件组合的方式进行改变，就可以称之为创新。

八大创新法则

说到这里，我们该何去何从？在认识创新和推动创新融入自己和公司血液的过程中，我们将如何开始？这就是八大法则的由来。读者可能会疑惑："要成为一个成功的创新者，作者是说只需要掌握这八大法则就可以吗？"很不幸，答案是否定的。这八大法则仅仅是我从最有能力、最具技巧和最勤奋的创新者身上归纳出来的。它们当然并非创新的全部因素，却是主要因素。一旦把这些法则理解透彻并运用到实践中，我们就能更好地集中精力和智慧，更自如地挥洒激情和汗水。在实现创意和追逐梦想的过程中，我们就可以创造更高的商业价值，取得更大的竞争优势。

同时，就像任何一个中国人都会告诉你的，如果要选一个数字，那就选 8 吧，8 是最吉利的！而 8 碰巧也是人们通常在某一时刻能够记忆事情件数的一个上限，当然这并不是说，你需要专门记住这些法则。如果遇到它们，能够马上认出来就可以了。但是对出于某些原因确实需要记住它们的人来说，这里有一种简便的命名方法。我给每项法则指定了一个字作为代表，它们分别是聽（Listen），領（Lead）、計（Position）、提（Promote）、連（Connect）、承（Commit）、行（Execute）和變（Evolve）。这 8 个字所对应的英文单词的首字母两两相同，即有两个“L”、两个“P”、两个“C”以及两个“E”。

当然，在组织和命名这八大法则的时候，我遵循了一定的顺序。例如，我琢磨着，如果把“听”放在“承”之后，是不是会有点乱？但是，请不要把这八大法则视作一个线性排列中分裂开的单个因素。实际上并不是这样。与此相反，我们应该把它们视作一个组合，它们是成功人士必不可少的品质。就像五官一样，它们也许并不会同时工作，但在需要的时候却总是能够发挥作用。

下面，我简要地介绍一下这八大法则。每一项法则都是以后各章的标题。

聽 / 听（Listen）。你可能会说，还有比“听”更简单或更平常的事情吗？很抱歉，事情并不像你想象的那样，倾听并非易事，能真正学会倾听的人不多。但一旦学会倾听，我们就能跳出困境，获得无比珍贵的财富。

領 / 领（Lead）。从定义来看，创新者常常是领导者，但有些人天生比其他人更具有领导能力。对创新者而言，知道如何领导他人是必须具备的重要品质。

計 / 计（Position）。这部分是讲，我们如何从立足之地到达目的地。为了实现远景目标，我们需要设计灵活机动、具有竞争力的商业模型，并绘制战略路线图。

提 / 提（Promote）。对创新的价值，创新者应该有清醒的认识、全面的理解和认真的评估，而这一点往往为他们所忽视和低估。

連 / 连（Connect）。创新者并不是孤独的，世间没有创新是孤立存在的。创新者应跳出传统思维的限制，吸收前人智慧，借鉴他人成果，汲取行业经验。

承 / 承（Commit）。成功的创新者自己应秉承“义无反顾”的态度，还要吸引其他创新者加入，在专注于共同目标的同时，还要保持适度的弹性，在创新的过程中要注重学习，适应变化。

行 / 行（Execute）。创新者要知道如何在传递价值的同时，为未来发展打好基础。为此，创新者就要在实践中积累知识，只有取得成绩的同时不断进步，才是一个合格的创新者。

變 / 变（Evolve）。当创新变得习以为常时，改进就不会停止。创新者不会沉溺于往日的荣光，他们甚至很少会关注这些。改变很难，持续改变更难，创新者对此心知肚明。

许多人认为，创新者通常面对的挑战在于，公司其他人对变化存在“天然”的抵触情绪。我完全不认同这种观点。当然，我们总是会遇到这种人，他们沉浸在自己的思维方式中，不愿意使用新的、改进的方法做事。但我认为，我们在日常工作中遇到的大多数人，都会希望自己是解决方案的一部分，而不是问题的一分子。他们对自己的看法，以及他们将成为什么样的人，取决于我们对他们的希望。这一点也可以解释，我们作为创新领袖，为什么努力目标并不是说服他人来支持我们的新创意。与此相反，我们的目标是激励和支持他人去发现、寻求和实现更好、更新的解决方案，以创造更多的商业价值。我们的使命是营造一个良好的氛围，使公众可以“平和自然”地看待我们的创意。本书提到了八大法则，每一项法则都为创新者完成这项使命提供了方法和技巧，为他们自己、他们所在的团队以及所属的公司明确了创新的道路。

著名的创新企业家狄恩·卡门（Dean Kamen）在和我谈及创新时，他对于创新的理解，与我们在道富银行时挑战自己，寻找创新的数据网络方式如出一辙。

狄恩说，

我们既不让员工去寻找问题的现成答案，也不让他们去学习别人的解决方法，更不寻求渐进式的改进方法，取而代之的是：我们鼓励员工在首次尝试解决问题的时候，要假定可以采用尚未普及的新技术，从零开始。通过采用前所未有的新技术，员工在黑暗中摸索，采用各种方法不断尝试，并可能遭遇多次失败。但随后一些无与伦比的新方案涌现出来，与现有方案相比，这些新方案有了本质的提高，这个过程就可以称之为创新。

在本书随后各章中，我将对八大法则的特点进行详细阐述。对于每一项法则，我都会分为3个层次进行介绍，你可以借此评估自己当前所处的阶段和未来预期的表现。我也会介绍经过实践检验的多种技巧，以帮助你更好地运用这些法则，并在团队中进行推广。我会和大家一起分享我在工作中使用这些技巧的经验，并列举一些例子来证明它们确实行之有效。最后，根据上面所讲的内容，我会把一些世界知名创新者和领导者的经验访谈一并附上。

那么，作为创新八大法则的首要法则，同时也是所有成功变革的基础，让我们从“聽”开始。

特别提示——关于本书出现的表意汉字

对于按部就班学过汉语的人来说，本书八大法则的汉字表意很容易理解。简化汉字已经不再具有这些传承千年的表意功能了，之前的表意汉字或者已经削繁就简，或者已经淡出了汉语言的使用范围。

Beyond Innovation	超越創新	Chaoyue Chuangxin
Innovation	創新軟力	Chuangxin Ruanli
Discipline	技巧	Ji Qiao
Listen	聽	Ting
Lead	領	Ling
Position	計	Ji
Promote	提	Ti
Connect	連	Lian
Commit	承	Cheng
Execute	行	Xing
Evolve	變	Bian

本书有些地方使用了繁体汉字。繁体汉字经历了数千年的演变，最初是用利器刻在龟甲上的，随后演化成为更抽象或者更鲜明的形式，但仍然与最初的象形文字具有相似之处。随着时间的推移,人们使用表意文字来记录他们的思想。象形文字和表意文字一起用来表达人们无法刻画的动作或物体。对于希望了解简体汉字的读者来说，可以借助网络搜索更多对简化汉字的阐述。

第一章 聽 听

当人们问起创新的第一步时，我通常回答说：“聆听！全部的秘诀在于聆听的艺术。聆听的过程，就是学习的过程！”

大多数人认为，不管是播放音乐、小鸟歌唱还是相互交谈，人们都知道如何倾听，但在我看来，实际上这种听仅仅是机械地听，聆听属于更高的层次。

多年以前，我曾经看到过美国公共广播服务公司（Public Broadcasting Service，PBS）的一个公益广告。广告的开场是一位独坐在钢琴旁的作曲家，这位作曲家尝试谱写旋律但却徒劳无功，脸上浮现出失望和沮丧的表情。突然，窗外小鸟振翅的声音打断了他。他站起身来，看到一群小鸟排列在电线上，就好像一组美妙的音符。按照这些音符，作曲家按下琴键，用心聆听。很快，他将这些音符变成了动听的旋律，与此同时，“动人心弦”4个字出现在电视屏幕上。对我而言，这就是聆听的真谛，这才是创新的精髓。当聆听周围世界的时候，我们常常发现智慧的火花得到启迪，而这一切往往源于最不经意的偶遇。

从小，父母和老师就教导我们，如何更好地读书、如何更好地写作、如何更好地演讲。但仔细想来，我们何曾上过聆听课程？我们所受的教育甚至没有把聆听作为一项重要的内容。这太让人失望了，因为我坚信，聆听对我们生命中追寻的许多美好是如此重要，这其中当然也包括创新。

当我们开始工作，步入社会，大多数人确实学会了如何听话，我们不再简单地听从别人的说教，而是积极思考自己将如何回答。这当然对我们是有用的，但听话和聆听却是完全不同的，就如同噪音和音乐一样。如果要在工作中实施创新，我们自己和团队成员就必须善于聆听。

聽

聽，读起来是平声，部首为“耳”，“聽”字的左上方是“耳”字，意思是人们用耳朵倾听。“聽”字的右上方是“直”字，意思是“树立”“笔直”或者“直接”，“直”字本身由象形文字“十”和“目”构成，其中“十”意思是“10个”，“目”则要旋转90度，意思是“眼睛”。将这几个部分结合起来，聆听的意思即为观察所有没有传入耳朵的事物。聽字右下方是象形文字“心”，意思是心灵。在解剖学和现代科学发展之前，中国传统文化认为，心灵是思考以及感觉的器官，论证了想法与直觉之间的关联。即使是今天，多数中国人依然认为，心灵是思考和感觉的器官。

在使用了数千年之后，直到今天，表示聆听的“聽”字，依然在很大程度上向人们传达着这样的内涵：要认真聆听，就需要耳聪目明、心灵清澈，并要求对发言人全神贯注。

> **注：**如今，作为现代汉语基础的北方话，有 4 种声调：平声、上声、去声和入声，此外还有轻声。象形文字是雕刻在甲骨上的古汉字演化而来的文字，这些文字与物体的形状十分类似。“日”字最初就是由一个圆圈和中间的一个点构成，像太阳的形状。但是代表数字 10 的“十”，并不是一个明确的形状。它只是代表数字 10 的一个符号。当向孩子解释“十”代表数字 10 的时候，人们往往得费一番口舌。

我从很小的时候就开始学习聆听。小时候我在中国长大，父母教育子女说，当家长讲话的时候，子女应该保持安静，认真听并从中学习。

这也是我父亲的处世哲学。他总是让客人畅所欲言，自己则是个最佳聆听者，用心倾听客人说的每一句话。我脑海里依旧能清晰地浮现出这样的情景：父亲坐在椅子上，慢悠悠地抽着烟，因为烟雾他的眼睛微闭，几乎不说一句话。有时候，父亲也会问上一两个问题。

有意思的是，我的父母总是把“听”和“学”这两个字放在一起。他们认为，只有首先知道如何聆听，才能知道如何学习，而汉字“聽”则为此做了很好的注脚。

耐心、谦虚、尊重

学会聆听并非易事。学会聆听需要付出耐心、保持谦虚和对他人的尊重。

在商业世界中，大多数人都面临着巨大的压力。不断有人向我们发号施令，同时我们也向自己和他人提出要求，要在有限的时间内完成大量的工作。因此，尽管可能尚未完全理解他人的信息，我们却主动中断了与他人的沟通，或者对外界信息听而不闻。这一切都说明，用心聆听真的需要付出耐心。

保持谦虚，确切来说就是要坦率地承认自己所知有限，甚至还要经常承认自己的无知，这样做也有利于我们成为一个优秀的聆听者。能够承认自己认知的局限，我们就明白了学海无涯的道理，就能更好地聆听他人的教诲。

聆听也需要保持对他人的尊重，实际上，专注聆听他人讲话，是对其表示尊重的最好方式。这样做，既可表现出我们对其重要性的认可，也可表现出我们为能得到其知识点拨和智慧启迪而感到庆幸。

用更多的时间聆听，而不是发表高谈阔论，成功的创新者总是用心做到这一点。在这方面我们需要持之以恒，要注重聆听客户、雇员、主管、同事、合伙人和供应商的心声，他们都与公司的发展密切相关。通过聆听，我们会得到相关信息，使我们对市场需求、客户期待和科技进步及时做出回应，当然这一切都要围绕公司的目标和预算有序展开。同时,仔细聆听并认真研究市场及竞争者，使我们可以更好地对自身进行定位，推动公司不断创新并取得成功。不止于此，聆听还有助于我们提早发现并及时解决公司可能出现的各种问题。

正如我父亲常说的那样，“高谈阔论和学有所得总是难以兼顾。”（母亲此时总会点头微笑，说：“是这样的，真正的聪明人不会喋喋不休。”）

更为迫切的是，我们需要聆听年轻一代的心声。我们这一代许多人的成长背景，决定了只有当我们年长时，才能积累起足够多的知识，并形成自己对事物的看法。当然，许多知识只有通过时间和经验积累才能真正体会，这一点在当今依旧适用。但是目前各种新鲜事物层出不穷,社交媒体就是一个很好的例子。在我们周围，只有成长在这种环境下的年轻人，才真正认识和了解这些新鲜的事物。我想说明的是，不同的年龄群体对事物的看法差别很大，每个人都有自己独特的价值判断。

我们的团队长期开展实习生计划，在与年轻学生们一起共事的过程中，他们的热情投入和新潮视野使团队成员不断得到启发。如安娜，她是一个社交媒体领域的专家能手。作为实习生，她反过来对我们许多人进行指导。创新社区是道富银行人气最高的合作网站，在全球有数千活跃用户，在创新社区的规划和展示过程中，安娜起到了十分重要的作用。

听——有效性水平

按照效率不同，我们可以把聆听分为3个层次。聆听的效率越高，我们的收获就越大，就越能实现我们设定的目标。

◆层次一：选择性聆听

在这个层次上，我们仅听取能满足我们即刻需求的信息。通常情况下，尽管我们做出聆听的姿态，但往往表现为频繁打断对方，不断偏离交流主题，仅将注意力集中在自己感兴趣的话题上，仅仅从自己的视角对谈话内容进行解读。这种聆听并不能扩展我们的知识面。

◆层次二：专注聆听

当我们对一个问题反复讨论，听取其他人的观点，并由此而增长见闻的时候，我们就进入这个层次的聆听了。在这个层次的聆听中，双方相互尊重，通过坦诚的交流碰撞出智慧的火花，并产生有益的智力成果，这也有利于双方建立长期的友谊。

◆层次三：深入聆听

在这个层次，我们跳出了“讲什么”的初级范畴，步入“为什么讲”的更高级别。我们进一步思索，确认讲话内容的前提条件，并找寻新的方法，汲取新的知识。我们也会注意到肢体语言，并进行细致入微的观察，这些细节甚至连讲话者自己都没有意识到。由此，我们对讲话者的真实感受和意图有了更加深刻的认识。在聆听的第三层次上，对演讲者没有明确表述的潜台词，我们也能理解到位。

做好聆听的准备

为了更好地聆听，我们应保持开放的心态，不应事先设定框架；要时刻做好准备聆听新鲜事物，最好能够认真聆听对方所讲的全部内容，至少在聆听的时候，不要盲目抵制。

这意味着我们在交流的时候，不应抱有先入为主的成见，也不应怀着不切实际的幻想，因为这些都不利于我们对事物的认知。这也意味着要仔细聆听他人的讲话，尤其是所讲的内容与我们的主观预期相左，或者与我们希望听到的内容存在差异时，我们更要认真聆听。这还要求我们，要认真听取他人讲话的弦外之音。

在与他人交谈时，我们要把疑问暂时搁置起来，去相信他人的陈述，不要急于判断观点的对错，要静待他们自圆其说。对于这种现象，心理学家乔治·米勒(George Miller)概括道:“要想更好地理解别人的讲话,要先假定讲话是正确的，然后看看这样会导致什么结果。”我们也可以这样理解，在保持自己作为聆听者身份的同时，要尽可能地代入讲话人的角色。

如果我们从一开始就希望听到真话，我们就要时刻做好准备，坦诚地接受他人对我们观点的质疑，即使这会让一些人很难接受。

我们也可以从另一个角度来理解：聆听的过程，其实就是诉说者与听众之间建立信任的过程。对公司来说，做到这一点并不容易。许多公司的企业文化是，如果员工带来坏消息，那么他会被视为不受欢迎的人。也有许多公司的经理通常会说：“不要向我描述问题，直接告诉我解决方案。”当听到这些之后，还会有多少员工提出问题要求解决呢？司空见惯的情形是，对于自己无法解决的问题，员工采取的做法是避而不谈，而不是寻求他人的帮助。在这里我不想继续深入这个话题，我只想指出：在某些情况下，公司给员工以自由的空间，让他们在提交问题之前，自己主动去寻找解决方案，这样做对公司来说意义重大。注重聆听的领导者能体会这种差别，在必要的时候提供支持，激励员工尽情创新。

备受尊敬的山姆·彭明盛（Samuel Palmisano）近期刚从 IBM 掌门人的位置上退休，他很清楚聆听的重要性。自 1973 年入职以来，山姆在 IBM 已经工作了多年。他最初从事销售业务，并取得了不俗的成绩，由此吸引了高层管理者的关注，并在公司内部快速得到提升。2000 年他出任 IBM 总裁，2002 年成为首席执行官，2003 年当选 IBM 主席。读者可能这样想，作为一名在 IBM 工作多年、成绩不菲的高管，他应该对公司了如指掌才对。但山姆并不这样认为，他曾经这样跟我说，

> 就任 IBM 主席之后，在首次高管会议上，我们想要解决的主要议题，就是要明确公司自我认知和公司因何而在这两个“棘手难题”。这需要数以万计的员工行动起来，重新审视公司的核心价值到底何在。这个过程争议不断，公司峰会的气氛罕见凝重。但最终结果是，我们界定了公司的价值内涵，新的内涵由 IBM 员工共同塑造，得到了 IBM 人的普遍认同。

能有山姆·彭明盛这样的导师，我感到很幸运，当时他担任我们公司在 IBM 工作小组的组长，对此，我会在随后的章节中进一步说明。

我是如何聆听的

2001 年入职道富银行时，我拜访了各个部门，向公司的高管和各主要业务部门的领导介绍自己。我希望听到他们每个人对公司服务质量的评价，我也希望听到他们对公司信息技术基础设施的任何看法。最后，我还想听到他们在展业过程中面临的挑战。经过一系列的会议交流之后，我对于公司高管们希望解决的问题，以及解决问题的迫切程度有了明确的认识。其中有一个问题是我需

要最先解决的，即供应商定价问题，这个问题是由罗恩·罗格提出来的，他当时是公司最大的业务部门的主管。当他提出这个问题的时候，我感到很惊讶，因为通常情况下，公司业务部门的主管不会关心IT设备供应商的问题。通过罗恩的语气和表情，我能够感觉到，这个问题带给了他很大困扰。我知道，如果能解决这个问题，那么对于解决其他问题，他就会对我抱有同样的信任和信心。

最开始的时候，我做足了功课，收集数据信息，并与和这份合同以及IT设备供应商相关的人一一进行交流。我拿到了新、旧合同的复印件，静下心来仔细阅读。旧的合同条款明确规定，供应商有权将价格提高至当前的两倍，当看到这项规定的时候，我简直不敢相信自己的眼睛。很明显，这份合同签署5年以来，其中关于价格的明细条款或者是遗漏了，或者是丢失了。除了没有认真“倾听”一位不愉快的客户的抱怨之外，供应商也没做错什么。我认识这位供应商的首席执行官，给他发了封邮件。我解释说，自己刚加入道富银行，希望能与他再次合作。他给我语音留言说：“恭喜你！为了你能顺利开展工作，有什么我可以做的，一定告诉我！”

我从IT、采购和财务等部门抽调人员组成工作小组，对新合同进行研究。工作小组与供应商多次会面，努力促成相互理解。但过了这么多年，双方的矛盾由来已久，工作小组难以取得有效的成果。于是我向那位首席执行官说明了情况，希望他能够为我提供支持，并表示我在道富银行也将努力为他做好相关工作。通过这种形式，我们发现，双方都站在了更加理性的起点上。在看到合作带来的成果后，工作小组的成员都感到欢欣鼓舞。他们更加紧密地配合起来，努力完善合同的各项条款。但由于已经对供货商失去了信任，罗恩·罗格依旧不能接受超出预期的调价，也不想与这家供应商续签合同。我再次拜访了那位首席执行官，经过一番长谈，他最终同意将原先的报价削减70%。这次单方的让步，使我们公司每年节省了数以百万的成本，这也使罗恩·罗格相信，我确实认真聆听了他的呼声。此外，公司还与这家重要的战略供应商之间重新建立了信任，后者提供的产品在那时是道富银行申请平台的重要组成部分。

上面我讲了这么多，它们与创新有什么关系？息息相关！优秀的创意并非仅仅通过善行善报就会不断涌现。只有奠定坚实的基础，创新才能成功。作为创新者，聆听让我们对业务主管的思路有了更加深刻的认识，使我们努力的方向与领导的要求保持一致；聆听能让我们发现问题产生的根源，并启发我们设计出可行的解决方案；在建立与同事和公司合作关系的过程中，聆听能为我们打下坚实的基础，而这正是我们职业发展的前提。

这里还有一个例子，是汤姆·门多萨（Tom Mendoza）如何聆听的故事，汤姆是全球数据存储公司 NetApp 的副总裁。他能够和员工建立起足够的信任，员工总是愿意告诉他真相，包括一些不好的消息，如针对公司的业务流程，他们发现很难做出改进。

我希望员工乐于在此工作；我希望他们行为坦诚、思想开放；我希望他们有安全感；我希望他们积极乐观；我希望主管们勇于担责；我也希望积极迎接变化。因此，所到之处我都会问一些具体的问题：“你认为我们现在做得怎样？我们如何才能做得更好？”我们有一家分公司，业绩突出、数据亮眼，但在创新方面却表现平平。这里的员工坦诚勇敢，对我满怀信任，所以告诉了我公司都发生了些什么。这让我非常震惊，也让众人难以理解。然而，实际上他们是正确的。我从中学到的教训就是，你不能仅仅因为大家普遍感觉良好，就认为一切都没有问题。你在有些方面做得确实不好，但你自己却可能意识不到。

聆听事实

在聆听他人谈话时，我们要始终对事实保持关注，这些事实、数据和分析同样重要。聆听事实，有助于我们找到问题的根源，了解相关人员的需求。同样的，数据会超越听力所及，为我们提供额外的信息，比如说，之前人们为了生存下去或者扑灭大火而制定了简单的应对之策，通过数据可以把这些湮没已久的事实真相揭示出来。有时，尽管我们努力争取对方的信任，但聆听的对象却始终不愿意告诉我们一些不好的信息，这时数据就能说明问题。对话只能使我们了解问题的大致情况，而客观的数据和第一手资料将会拼出完整的事实真相。举个例子来说，在主管 IT 基础设施部门的时候，只要条件允许，我就会到计算机运行中心的楼层走走看看。当数据切换的时候，我很可能会出现在现场，因为通过这种方式，我可以了解到第一阶段数据切换的详细资料，对于下一阶段的数据切换也能做到心中有数。对于报送的每一份“问题报告”，我都会仔细过目，这类报告往往源于高层领导的要求，通常情况下，只有重要的问题才会自动报送高层领导。

对于听人谈话和获取数据，我们可以将其视为一枚硬币的正反两面。不停地抛投硬币，可以使我们加深对所听内容的理解，透析话语背后的事实真相。

下面这个故事是关于黛博拉·安科纳（Deborah Ancona）的，她是麻省理工学院领导力中心的主管和管理学教授，她的例子完美地阐述了这样一个道理：在认真聆听的同时也要尊重事实，只有两者并重才能对事物形成准确的认识。正如在聆听时需要撇开自己的主观看法一样，在对事物进行观察时，你也要抛弃自己先入为主的成见。

要对事物形成一定的概念（听取各种不同的观点，汇总形成对事物的认识和理解），首先需要做的，就是打破我们固有的思维模式。也就是说，不管是在公司内部还是公司外部，对自己正在接触的事物，都要保持全新的思维理念。

这就需要我们勇敢地走出去，从持有不同观点的人们那里，采集大量数据资料，只有这样，对于正在发生的事情，你才能有更好的认识，唯有如此，你才能扩大自己的观察范围，避免盲人摸象的误区。这方面我举过大量例子，其中我最喜欢的，是关于一家大型石油和天然气公司如何提高其在中国某地收入的故事。

这家公司的中国团队做的第一件事，就是弄清楚当前形势：他们的市场份额为什么会下降？纵观整个市场，他们发现，另一家全球性竞争对手的市场份额也在下滑。这怎么可能？团队被要求重新进行调查，并对数据进行深入分析。团队重新进行了梳理研究，但取得的数据资料依旧，公司及其竞争对手的市场份额都在下降。通常情况下，如果手头的驳斥数据有效反驳了我们“预设”的结论，我们一般会更卖力地找寻自己想要的答案，而不是寻求事实的真相，而这正是这家公司团队所做的。

最后，他们放弃了找寻验证数据的努力，回过头与中国客户交流。通过交流他们了解到，公司的竞争对手并非那家全球性企业，而是中国当地的公司，他们的市场份额正在被小型的中国公司蚕食。对于中国公司，此前他们根本没有考虑，因为他们的固有思维模式认为，与自己竞争的必然是其他的国际石油和天然气公司。

由于缺乏必要的经济资源，中国当地公司此前并不具备与国际大型石油和天然气公司开展竞争的能力。但随着中国国内形势的变化，当地公司能够获得更多的资源，因此纷纷参与竞争。所以，第一部分所讲的“对事物形成一定的概念”，意思是指要跳出传统思维的局限，认真审视实际情况。

做完以上分析并锁定了中国当地的竞争对手之后，这家公司就可以采取行动了，但他们参与竞争的方式比较特别。他们开始与当地公司合作，通过这种方式重新占据了相当大的市场份额。

对事物形成一定的概念，对我们来说，这才是领导的精髓。与此同时，这也是更大范围的创新的核心组成部分。如果想进行创新，你就需要换一个角度观察世界，对事物形成全新的认知。同时，你还应当把各种思路和接收的不同信息结合起来，最终汇总成为全新的思考和实践模式。

黛博拉所说的，是有关驳斥数据的概念，也就是与我们的观念和预期不相符合的信息。现代心理学实际上创造了确认偏误这个说法，用以描述下述情况：对于能够证实自己已有观念的信息，人们往往会给予更多的关注；而对于相关的驳斥数据，或者与我们已有观念不符的信息，人们往往会自动忽略。好的聆听者和好奇的心灵，会对驳斥数据保持高度关注，因为他们知道，这些信息往往表示自己有机会学习新鲜事物，或者对自己认为正确的事物，可以从不同的角度进行观察。

聆听弦外之音

优秀的聆听者还有一个特点，那就是他们不会局限于语言本身。他们观察肢体语言，注意交流方式，从听到的语言出发，用心体会语言背后的缘由和思想。戴尔软件公司总裁约翰·斯文森曾经是冠群电脑的首席执行官，他告诉我，细心聆听，并结合相关数据信息，能使我们对事物形成全新的认知。约翰还曾经是应用集成中间件部门（Application Integration Middleware Division）的总经理，该部门是他一手为IBM创设的。在下面这个例子里，他详细描述了IBM电子商务平台软件（Websphere）的由来，这款软件解决方案使网络应用开发大大简化，并使网络应用开发发生了革命性的变化。

通常情况下，客户会直接提出他们的需求，但他们对这些需求的认识，仅仅是建立在当前的产品和技术环境下。客户只能告诉我们他们已知的内容。例如，在 Websphere 出现之前，不断有人告诉我们说，他们需要一种解决方案，以便将现有程序接入网络。但他们的真正需求却并没有清晰地表达出来，针对商业活动和业务申请，他们实际上需要的是一种全新的程序编写方式。在网络程序模型中，他们要成为一级管理员，并可以接触到原始数据。通过一系列实验、交流和学习，我们弄清了市场的真正需求。我认为，根据直觉感受，我们能够理解客户真正的需求，同时也能准确地预测，技术演进到何种程度，基础经济环境才会发生变化。

对于科技的影响力，我们拥有比其他人获得更深层次认识的优势。这是因为我们需要与大量顾客交流，可以从不同的深度以及各种角度来观察所遇到的问题。如果处理得当，我们将会获得独一无二的机会去探究问题的真相，而这个真相很可能与最后一位客户随意的说法截然相反。我们需要知道，到底是什么情况使客户的业务难以更进一步，而需要利用什么技术才能改变这种情况。

约翰所举的例子很好地说明了，聆听对于成功创新具有十分重要的作用，也阐述了有效聆听所需要的各个步骤。首先，约翰在聆听客户意见的时候，始终秉持这样的法则：假定自己听到的都是真实的，然后看看这会导致什么情况。这使他不仅能听到客户的要求是什么，还能真正理解客户为什么提出这样的要求。这有利于他加深对重大问题的认识。其次，约翰观察实际，他注意到底有多少客户提出相似的要求。之后，他把所听到的内容和自己所知道的情况结合起来，这样就能够设计出全新的解决方案。

同样的，还有内森·梅尔沃德的例子，我们在本书开篇时已经听过这个名字。和约翰一样，他也认为，我们需要“跳出表面，思虑长远”，才能更深入地了解问题，才能开拓更广阔的业务空间。

> 仔细聆听客户的产品改进建议，这是再好不过的了，但通常情况下你也不能期望得到什么创意。究其原因，你不妨想象一下，你的竞争对手们也在听取客户的建议。此外，尽管客户的意见很重要，但他们通常并不清楚科技的影响。汽车之所以被发明出来，并不是因为人们向马厩里的马夫抱怨说：“嗨，我真希望能有一样东西，让我再也不用骑马了。”这不是创新之道。因此，你需要跳出表面，思虑长远。

田莉·奥尔布赖特（Tenley Albright）在道富银行董事会工作的时候，我见过她，如今她已经是麻省理工学院合作项目的主管。田莉的个人经历令人折服。她从事外科医生职业多年，但在进入哈佛医学院（Harvard Medical School）求学之前，她是美国第一位赢得了世界锦标赛和奥运会双料冠军的女子滑冰运动员，并因此享誉全球。她告诉过我一个精彩的故事，是关于如何聆听话外之音的，当时她正在刻苦训练，为世界级的竞赛而挥洒汗水。

> 我当时在达沃斯参加世界花样滑冰锦标赛，正在一个室外溜冰场练习我的常规动作。有个裁判一直看我，我记得他有一头卷曲的白发。当我练完一套新的动作停下来时，他过来跟我说：“常规比赛你不会使用这套动作，对不对？”
>
> 当时他这样问我，让我很惊讶，回答之前我想了一会儿。我的第一反应是，他一定不喜欢我的这套动作。要不然，他为什么会这么问？然后，我想，他也许之前从没见过这套动作。我喜欢创造，喜欢与众不同，喜欢在千篇一律的滑翔中进行新的尝试，所以我决定不去在意他的评价。

我礼貌地回答道:“是的，我会。”

我确实听到了他的评价，也确实认真思考了他的提问，但我仍然决定不放弃这套动作。以开放的心态聆听他的评价自然十分重要，但我仍然要坚守我的本心。当然，我最终坚持下去，并赢得了自己的第一个世界花样滑冰锦标赛冠军，这就是当时的情形。

这让我知道，一定要随时注意聆听。别人的谈话可能会启发你对问题的思考。但如果想实施创新，你就要做好心理准备，并非所有人都会喜欢或者接受你的作为。此外，你还应当追随自己的内心或直觉。如果不保持开放的心态，我很难相信你可以成功地进行创新。

就像田莉这个精彩的故事一样，好的聆听并非让我们摒弃直觉或者不假思索地听从他人。但好的聆听确实要求我们暂时抛开自己的成见，只有这样才能更好地理解他人的观点。

田莉还有一个故事，可以进一步告诉我们，应当如何聆听没有说出口的深层意思，也就是要聆听和询问弦外之音。当她处于滑冰竞技生涯巅峰的时候，同时也是拉德克里夫学院的一名医学预科生。作为首位赢得奥运金牌的美国女子滑冰运动员，田莉已经准备好迎接下一个挑战，也就是成为一名外科医生。但是，她还要度过一整年的本科学习生涯，看起来事情只能这样了。

我琢磨，是不是只有从大学毕业才能去医学院呢？于是我去找导师寻求答案，他是儿童医院的神经外科医生。他也不知道答案，但在咨询了芝加哥管理办公室之后，他带回了答复。他告诉我说，如你所知，在医学预科班学习是有明文规定的，但必须从大学毕业这项要求却没有现成条款。因此我就向哈佛医学院提出了入学申请。我接受了7轮面试，最初我认为他们十分挑剔。他们一定认为，竞技滑冰就跟扇子舞似的！但他们最终录取了我。我得承认，在医学院学习过半时，我觉得自己可以学一些其他的课程，最后我的成绩不错，我的导师也都很好。因此，我认为只有保持开放的心态，愿意提问，并冷静地对假设保持怀疑态度，才能真正实现创新。

在结束本章关于聆听的话题之前，让我们回顾一下这个话题的由来，也就是我的家庭在中国的经历，再讲一个关于聆听的神奇故事，它曾经改变了我的人生。

我的父亲在大学毕业之后出海工作，从事海洋运输，奔波在各个海岸港口，最后成了一名船长。多年来，父亲一直掌管着一所大型货轮，在环太平洋各口岸之间往返（父亲之后负责其他船长的管理调度，在职业生涯的黄金时期，他为中国香港一家最大的航运公司服务，同时负责运输业务和人员管理）。

多年来，我的父母在上海和香港之间往返，他们最终和我的弟弟定居香港，而 3 个姐妹和我仍然留在上海，和一些仆人以及我们的祖母待在一起（当时我的祖母是一名中医）。

一年春天，我给父母写了一封很紧急的信。我提议正容（Margo）、正方（Marjorie）、正平（Marsha）和我 4 个人离开上海，找父母一起过暑假。那年春天，母亲正陪父亲乘船航行于印度洋。通常，我写信一般都会寄给母亲。但与以往不同，此次我指定父亲作为收信人。我请求父亲，暑假期间让我们去探望他们，并参观一下父母经常光顾的异域风光——包括印度、新加坡、缅甸、锡兰（斯里兰卡）以及日本等。

父亲认真聆听并理解了我的请求。我把他作为直接收信人，而没有寄给母亲，由此父亲认为我是在请求他的帮助。之后我的弟弟毛正良（Michael）向我回忆道，母亲向父亲读完我写的信之后，父亲马上惊呼："啊！乃荫（Nai-Ying），孩子们想看看外面的世界啦！"

父亲很快回信，邀请我们去他的船上团聚，姐姐和我拿着这封信来到当地警察局，提出"临时"申请，请求许可我们在暑假期间去香港和父母团聚。

申请得到了批复，夏天我们可以去香港。我们打包了一个箱子，里面装满了我们所有人的衣服，把其他东西都留在了上海，包括母亲的珠宝、书法、绘画等。

我们暑假启程出发，并与家人在香港团聚。从我的字里行间，父亲意识到，是时候让我们离开上海与家人重新汇合了。这是我当时内心的真实想法，尽管当时我对这种需求并不十分清楚。但父亲仔细聆听了我的弦外之音，并真正理解了我的想法。

听——将法则付诸行动的具体步骤

那么，我们如何才能成立一家真正注重聆听的公司呢？也就是说，如何才能让一家公司放下身段聆听实情，就像黛博拉·安科纳故事里那家公司最后学会的那样？

◆个人

首先最重要的是，我们要改变自己的行为模式，成为一名聆听者而不是旁听者。与旁听不同，聆听并不会自然发生，它需要我们学会去听、选择来听。在我和他人谈起这些的时候，他们的反应总是让我吃惊。他们理解了我的意思，而且通常很快能领会，看起来也确实对提高自己的聆听技巧很感兴趣。尤其是当他们发现，通过聆听可以发现机会，并从其他人的真知灼见中受益的时候，他们就会表现得更为热情。提高聆听技巧的最好方式之一，就是更加关注自己对驳斥数据的反应，重视与我们认知或预期相悖的信息。通常我们会忽略或者拒绝考虑这些信息，有时我们也会有针对性地进行反驳。当聆听的时候，对于这些驳斥数据，我们应当保持好奇心和谦虚的态度。

◆团队和公司

为了让一个团队学会聆听，团队领袖可以建议开展一些诸如“聆听客户的呼声”的活动，定期收集市场信息，并据此采取改进措施；也可以鼓励团队成员定期进行信息共享，使他们随时与公司内外部保持联系。最重要的是，每个团队里总是有人谈论不休，也总有人沉默寡言，所以团队领袖应特别注意，在重要问题上，要确保每个成员都可以建言献策，还要密切关注后续讨论，鼓励成员进行认真思考，谦虚聆听。

在公司层面，执行主管自身要传递出善于聆听的特质，就像汤姆·门多萨那样。执行主管们应当注意任用思想开放、善于聆听的下属，让他们营造良好的环境，鼓励大家坦诚、公开地交流。主管们要善于发现和打破聆听的障碍，不管这些障碍是在个人、团队、部门、领导人、客户还是合伙人之间。

• 如 • 何 • 聆 • 听 •

※ 要表现出对发言人的尊重——保持眼神交流。

※ 要放松身心，认真聆听——对发言人保持全神贯注。

※ 对于将要听到的内容，不应有先入为主的成见。

※ 发言人讲话时，不要进行评判，但不懂时要及时询问。

※ 不要猜测发言人下一步会讲什么——做出假设之前应当通过询问来澄清疑惑。

※ 要确保自己完全理解了发言人所说的每一句话。

※ 在发言人全部讲完之前，不要断章取义。

※ 在交流过程中，要不断探求新的信息。

※ 要围绕发言人而非自己的观点进行讨论。

※ 要注意肢体语言——不要交叉双臂，或表现出厌倦或封闭情绪。

※ 注意面部表情——要带着鼓励的淡淡微笑，不要露出失望或者不耐烦的表情。

※ 要注意发言人的肢体语言，认真寻找线索，为什么他或她告诉你这些，而不告诉你其他内容。

※ 认真思考你所听到的内容，查找问题产生的根源，并与其他数据信息相互验证。

※ 观察你能接触到的所有其他信息，并与你听到的内容进行对比。

第二章 領 领

纵观我多年的管理生涯，许多优秀主管和经理们的帮助使我更为专业，也可以更加得心应手地处理各项事务。有些领导很严厉，促使我各方面更加完善，适应能力更强。IBM 一向很善于培训员工，而我也从中受益匪浅，但这一切都比不上山姆·彭明盛对我产生的重大影响。他如今已从 IBM 主席的职位上退休，我很幸运能得到他的指导，并有幸观察他的行为方式。不得不说，他是我职业生涯中最重要的领导榜样。

当时我在 IBM 一家分支机构工作，山姆刚就任这家分支机构的主管，就立即邀请公司的一些女性经理和底层经理加入到他的多元化工作小组中。我被安排到辅导小组中，因此有机会得到山姆的个别指导。

山姆与当时传统的高级主管有所不同。后者通常有板有眼，比较严肃，情绪少有波动，不愿意参与社交会话，而且十分无趣。但山姆不同，他在各方面的表现都要好得多。

当开始工作时，山姆就把我和所有人拉上了快车道，全部工作都聚焦在最后的结果上。对于一个成功的管理者来说，这是稀松平常的。但山姆不止于此，他还拥有鼓舞人心的个人魅力，这对于他那种层次的管理者来说，当属凤毛麟角。山姆和员工一起工作时，谦逊有礼、开明坦诚、乐观温和，总是给大家带来欢乐，使大家感受到工作的乐趣。他甚至会讲一些个人趣事并和大家开玩笑，通过这种方式与员工互动。他的一言一行以及行事方式，甚至表情动作，都对我产生了深远的影响。我从山姆身上学到，这种个人之间的沟通和交流是多么重要，效果又是多么明显。这种交流可以有效激励下属，将大家凝聚在一起，推动共同目标的实现。这种沟通，能使员工的表现远超预期，使他们获得从来不曾想象过的成就。在高强度的工作环境中，鼓励员工从中找到乐趣，这是我从山姆身上学到的一点管理经验，并成了我自己领导风格的一部分。在工作中，何不学着苦中作乐？通过这种方式，可以调动员工的情绪，使他们更容易适应长时间的艰苦工作。当员工觉得有乐趣时，他们就会更善于创造，更勇于担当，更乐于帮助他人，更愿意相互协作。

所有的事业都离不开强有力的领导，创新更是如此。在本书的写作过程中，我采访了多位行业领袖，他们每个人都详细阐述了领导在创新中的重要作用。他们的说法都遵循着相同的思路，并没有出现明显的分歧。他们的说法准确、鲜明，与我的判断相互印证。因此，本章我特意引用他们的原话，以期与大家共享这些行业领袖们对引领创新的真知灼见。

領

領，意思是领导。“領”也有衣服领口的意思，长久以来，人们一直认为领口是一件衣服最重要的部位。在“領”这个字的左边是象形文字“令”，表示法规或命令，它同时也是“領”字的音旁，表示作为一名领导者，应当遵循规则、服从计划，也就是要按照要求、指示行事。“領”字的右边是“頁”，表示“页数”“页码”，意思是命令、法则、计划、任务等，通常都要明确地记录下来，由此一名领导者才能更好地完成自己的使命。

成功的领导方式多种多样，与此类似，当与其他词组合的时候，“領”字也能代表不同的领导模式。把“带”放在“領”的前面，就组成了“带領”，这个词在现代汉语中的意思是“把人带入全新的领域，带领人已经熟悉该领域，而被带领人对此则比较陌生”。根据语境的不同，被带领人可能是一个儿童，也可能是一名新手。现代汉语中的“领导”，意思是“通过指导、带领，或指出简单的步骤等方式引领他人”。

注：有时，构成汉字的某一部分可能代表了这个字的发音。当然，并非每个汉字都是如此，依靠偏旁发音也并不总是可行，在数千年的演变过程中，汉字的发音发生了很大变化。有时，在中国南方方言里，古汉语的发音规则仍然适用，因为与现代拼音相比，南方方言更接近古汉语，而拼音则是北京等地新方言的典型代表。

领导纲要

通常说起领导的时候，人们会自然而然地想到公司主管或者经理。但在创新过程中，只要能够提出新的创意，为公司业务或企业经营增值，那这个人就是创新的领导者。高效、切实地提出建议和设想，并不是高级主管或者经理们的专利。我们无须监督他人，以激励或雇用的方式使其为公司和客户创造价值。一个人不管扮演什么角色，都能够成为创新榜样——培育和推动下一代的成长，为年轻人提供机遇和支持。

尤金·陈（Eugene Chan）是一位内科医生和创新者，同时也是基因医学研究所（DNA Medicine Institute）的创始人，他的经历就是一个很好的例子，他并没有因为自己是年轻学生而阻碍创新的步伐。

> 当我还是哈佛大学医学院的一名学生的时候，人类基因组计划正在进行中，我记得自己当时就在琢磨，这项计划会有什么影响？普通人和基因信息有什么关系？我坚信，这个问题改变了我的一切，因为我开始用一种不同的方法思考这个世界和我自己。我将注意力聚焦于思考以下问题：基因分析领域到底将发生些什么？我如何才能参与其中？
>
> 作为参与这个项目的年轻人，做好自己的本分并不断学习，了解科学界的重大发现和实时动态，也许你认为这是最重要的。但对我来说，敢于思考自己能够改变这一切，才是最先要做的。因此，我开始思考如何才能更快速地获取基因信息。这就是美国基因组公司的起源，公司随后筹集了1.2亿美元，推出了3款商业化产品，与多家公司和个人展开了广泛合作。
>
> 这就是创意的引领。我认为，创新的第一步，就是要对自己关注的问题保持客观的态度，并且在这个过程中要坚守本心，勇于追求。

尤金关于领导的描述，完美地诠释了我对领导的看法：领导不是管理员工，不是承担责任，也不是拥有权力。领导关乎激情。

用激情引领创新

蔡明昊（Ming Tsai）是一位著名的厨师，也是公司经理和食谱作者，他还自己主持电视烹饪节目。他最有名的蓝姜餐厅（Blue Ginger），离我在马萨诸塞州韦尔斯利的房子只有5分钟路程。当我们搬到韦尔斯利，有一次去餐厅为女儿米歇尔（Michele）庆祝生日的时候，我们第一次见到了蔡明昊。他到我们的餐桌打了个招呼，不一会儿就让所有人都喜欢上了他。这里的饭菜十分美味，随后蓝姜餐厅成了我们全家最喜欢的餐厅。

在聊到职业选择的时候，他从自己的经验谈起，说明了兴趣和激情的重要性。

> 生活中我们也要尊重自己的兴趣。读书时，我毕业于耶鲁大学，取得了机械工程学位。我父亲是一位著名的火箭专家，因此，就像一个传统的中国孩子那样，我认为自己应当是一名医生、律师或工程师，因此我就读了工程学。大学三年级时，我告诉父母，我即将完成学业，但自己真的不想做一名工程师，而是想做一名大厨。我当时并不知道父母将如何反应。好吧！母亲给了我一个大大的拥抱。她告诉我，这么年轻就知道自己想从事什么行业是一件很幸运的事。她说："全力以赴吧！孩子，我们100%支持你。"父亲也接受了我的选择，直截了当地告诉我说："不管怎样，反正你也不会成为一名好工程师！"父亲是正确的，因为我知道自己不喜欢。如果不热爱自己所从事的职业，如果没有对它的热情，你将永远不会做好。即使做了，也仅仅是走过场。我想这在任何行业都是适用的，如果喜欢自己的工作，你就会发现一切都变得容易起来。

达坎·马纳（Tarkan Maner）是戴尔云计算公司的副总裁和总经理，曾任慧智科技（Wyse Technology）的总裁和首席执行官，他是我所知道的最具激情的领袖之一。他同时也是一位相当热心和积极的人。与达坎的交流，往往就像在上简短的历史和哲学课一样，总是能够鼓舞人心，充满乐趣而又引人深思。

> 本杰明·富兰克林（Benjamin Franklin）说，人可以分为3类，这句话的正确性毋庸置疑。第一类是不动的人，我们对此心知肚明。第二类是可以动的人，我们对此也不陌生。第三类是我最喜欢的，就是不停移动的人。我想，这类人不仅自己持续地动，而且他们还鼓励其他不动的人。

从达坎所说的“伟大的动机”中，我们可以引出领袖的另一个重要特质，那就是希望。只有对未来充满希望，才能激发他人的热情，并团结众人建立团队。

用愿景引领创新

想想那些用来描述伟大的创新者的词汇吧：目光远大、鼓舞人心、播种信念、深远变革。这些词汇可以用来描述那不可抑制的激情和星火燎原似的狂热，这种激情能够迅速感染整个团队，就像透过窗户传来的新鲜空气一样。戴尔软件公司总裁约翰·斯文森是冠群电脑的前首席执行官，他将希望总结为共同的使命感和一致的开拓精神，在一个对未来充满梦想的团队中，我们总是不难发现这种情感。

> 虽然不能保证一定能够创新，但你可以消除阻碍创新的各种因素，为创新创造良好的条件。人们有时认为，开展一个创新项目，进行一次有关创新的演讲，然后在角落放一个意见收集箱，这样就能够产生创意了。从我的经验来看，这根本行不通，在实际操作时只会引人耻笑。创新的出现，并不是因为你指派他人去创新就行。只有营造了鼓励创新的环境，采取的措施符合经济和社会发展方向，建立优秀的人才队伍，同时团队又具有共

同的使命感和一致的开拓精神，创新才会不断涌现。

共同的使命感，一致的开拓精神，不仅能使团队成员齐心协力，还能让他们在了解工作内容的同时探究更深层次的原因。一个团队如果以结果为导向，团队成员就会全情投入，不断思考改进之道，这时各种创新和变化就在预料之中，是水到渠成的。也只有在这样的情况下，团队成员才有强烈的紧迫感，才会不断加强合作，以推动事业发展。

海军上将迈克尔·马伦（Admiral Michael Mullen）担任过美国参谋长联席会议主席，曾在小布什和奥巴马两位总统的政府中工作。他举了一个为共同使命而奋斗的例子——拯救生命。

由于每年有许多人因简易爆炸装置丧生，所以五角大楼成立了联合简易爆炸装置消除机构。国会很快向这家机构拨款约10亿美元，唯一的目的就是找到解决方案，以提前发现相关危险。这个拯救生命的项目很快就突破了重重障碍，并发挥了独一无二的作用。该机构可以直接与伊拉克和阿富汗那些正在作战的士兵们沟通，并设立了技术难题解决反馈机制，仅仅几小时就能解决通常需要几周或者数月才能解决的问题。该机构还成立了分析小组，可以更快地分析问题并提出解决方案。尽管该机构设在华盛顿，但却好像置身于战争现场一样。在提前发现简易爆炸装置危险方面，这家机构发挥了巨大作用。这个项目耗费了大量金钱，得到了高层的高度重视，一切都源于大量士兵因简易爆炸装置而丧生。因此，这个项目的紧急性自不待言。当涉及生死的时候，人命关天。

当然，工作时我们很少有人会苦思冥想如何救人。但创新领袖们却有着类似的悲天悯人的情怀和时不我待的紧迫感，他们的远见卓识总是能够启迪智慧，影响深远。

约翰·汤普森（John Thompson）是虚拟仪器公司（Virtual Instruments）的首席执行官，此前曾任赛门铁克公司（Symantec）的首席执行官和总裁，他对领导者的重要性进行了很好的说明。

> 领导者应当启迪团队智慧。如果你能够勾画出未来的轮廓，使事情看起来令人信服、令人振奋，目标切实可行且收获不菲，那么大家争相投入就是自然而然的事情。因为他们知道，如果公司业绩优异，自己也将获益。当我们宣布公司希望成为守护网络安全的领导者时，上述情景正在赛门铁克上演。所有人都知道，这是一件无与伦比的大事，需要有人来做。

充满激情的领导者集合自己和公司的力量，全身心投入到一项激动人心的伟大事业中，并与公司的愿景结合起来。就像达坎·马纳所说，

> 圣荷西市地处硅谷这一科技创新之都。但我发现，圣荷西市半数学生都没法通过电脑上网。我想，如果连圣荷西都这样，那其他并非高科技地区的城镇和市区就更不用提了。再想象一下，欠发达的国家和乡村又该是什么景象！因此，这就是我的激情源头，我想让全球每所学校的每位学生，都能够自由接触互联网，都能够通过学习让自己的能力得到最大限度的发挥和提升。

怀着这个理想，达坎的团队开发了一款设备，这款设备成本很低，无须维护，甚至不需要电源线，就能够为更多学校的学生提供互联网教育服务。

我们可能认为，拯救生命、维护网络安全、为全世界儿童提供教育服务，这些都超出了自己的能力范围，至少目前看来如此。也许是的。但我们依然可以专注于最终的结果，齐心协力地为公司创造价值，并激发团队成员的创造热情。这里有一个蔡明昊以身作则的例子。

领导者提出新的创意，并清楚地知道，这些新的菜式或新的服务能真正让人们更加幸福，这是作为领导者最为美好的体验之一。而这正是我奋斗的动力源泉。

一个人的目标，不应当只是简单地希望获得成功。成功不是一个目标。一个人的目标，应当是如何才能更好地服务，如何才能利用自己的能力对社会产生最大的影响，如何才能在自己的行业创造更多的价值，如何才能更好地帮助他人。每天回家时，我都会想，自己今天又让许多人开心。人们开心地离开餐厅，他们也许是闷闷不乐地来，但却是心满意足地走。顾客进门时也许情绪低落，但出门时却满怀喜悦。两个小时的就餐时间里，我确实能够影响一些人，而这并不是像火箭科学那样高深的东西！这和我在大学里学的也完全不同！这都是很基本的东西：烹煮美味的食品，提供优质的服务，传达彼此的尊重。

尊重、信任、正直

以上述看法为起点，蔡明昊向我展示了优秀领导者另一方面的核心特质：尊重，信任和正直。它们是密不可分的。

山姆·彭明盛再次和我提及在第一章中谈到的“棘手难题”。

成为一名IBM人，到底意味着什么？在回答这个问题的过程中，我们提炼出公司的价值观，并在实际工作中受益匪浅。要把价值观落实到方方面面，要把价值观体现在公司管理和自己的行为举止中，我们还有很长的路要走。但我认为自己可以确定，经过近10年的努力，我们已经打下了良好的基础。我也相信，公司此前即开始实施的转型之所以行之有效，是因为我们把对自我的深层次认知放在了首位，而不是仅将“信任和个人责任”作为价值观，在提炼公司价值观的过程中，我们也充分展示了这一点。

不管处于组织的哪个层级，也不管是在生活的哪个方面，尊重、信任、正直都是一个人成功的核心要素。但对领导者来说，更有以身作则的特殊责任。领导者的行为举止，不管好坏，都被成倍放大了。

汤姆·门多萨对领导公司有着无限的激情。而尊重、信任、正直作为他选人、用人的标准，是个公开的秘密。我最近刚向他表示祝贺，因为他的NetApp公司表现优异，第二次被财富杂志提名为世界十大最佳雇主。汤姆很激动，告诉我说，NetApp公司实际上在15个不同国家都是十大最佳雇主。他解释道，实际上，过去5年间，在与NetApp规模相当或更大的公司中，比NetApp表现更胜一筹的公司数量，全球仅有区区5家。汤姆说，自己公司的业务影响实实在在，关于这一点，他再也无须说服他人。汤姆恰如其分地阐述了作为一名领导者的核心品质。而我，也从未听到其他人像汤姆一样，将尊重、信任和正直等品质的重要性阐释得如此淋漓尽致。

当有人说员工是公司最重要的资产时，我会说：“告诉我你是怎么做到这一点的，把金钱抛开，不要告诉我你付给员工多少工资，就说说你向员工展示了些什么。”我相信，如果下属知道，你真正尊重和关心他们，你就能得到他们发自内心的信任，他们就会与你休戚与共。我认为，不管什么文化，也无论哪个行业，所有伟大领袖的共同之处，都是下属愿意为他们奉献一切。这不是因为下属有所畏惧，也不是因为下属受到胁迫，下属们只是不想让领导失望。如果员工得到赞赏和尊重，他们就不会5点钟离开办公室，心里念叨着别人也是这样。他们会帮你提出创意，解决问题。

领导的软技巧

蔡明昊认为，把我们讨论的话题拓展到领导的软技巧方面，情商是不可或缺的。领导的软技巧使我们通过感同身受的同理心和相互理解，与他人进行交流。这个过程就是我们与他人通过尊重、信任和正直建立联系的过程，也是我们赢得他人的帮助和创意,推动目标实现的过程。这个过程让我们可以化解困难，而不是迎难而上。

> 正确的领导需要软技巧的协助，这是因为，你对待下属的方式，正是下属对待客户的方式。永远不要忘记这一点，因为如果你对下属傲慢无礼或心存不满，他们就会用同样的方式对待客户。正如我父亲一直说的，为你工作的人以及敬仰你的人，才是最终帮你成长的人。如果出现问题，这些人也是能帮你避免堕入深渊的人。如果你不尊重他们,他们就不会尊重你。如果别人不尊重你，他们就不想与你共事。我的父亲让别人觉得他处于领导地位，我的意思是，他一直扮演领导者的角色，但对于下属来说，他们是能够自主决策的个体。我从这一点上学到许多。

蔡明昊给我讲了一个很好的故事，是关于他的父亲是如何教他学习软技巧的。当他刚刚五六岁的时候，父亲就让他把买回家但没有用过的东西退给店主。除了让他承担这项重要任务，他的父亲还额外给他增加了一点难度——他不会把收据给蔡明昊。例如，他的父亲会把年幼的他送到五金店，手里拿着钳子或电池，但却没有收据。这就需要蔡明昊与店主沟通，并设法拿回全部退款。“我一般会告诉店主，东西型号不对……很抱歉，但是我们找到了合适的型号，因此需要退款。”蔡明昊解释说:“我态度不粗鲁，更不盛气凌人。我表现得很尊重，告诉店主真实的情况，并总是能够拿回退款。”

对于如何与他人有效沟通，我很欣赏蔡明昊父亲的教学方式。当看到那么多斯文有礼、才华横溢而又勤奋刻苦的人缺乏这项关键技巧的时候，我总是禁不住感到遗憾。我相信，获得卓越成就的人士和庸碌的员工之间的差别在于情商。卓越的领导者和表现优异的员工的区别也在于此。表现优异的员工能够完成许多工作，但卓越的领导者能够实现更大的成就，因为他们可以激励他人，团结下属。

再一次，汤姆·门多萨以行动完美地阐释了情商的精髓所在。在理解下属需要什么样的支持、在什么时候需要支持方面，汤姆树立了领导者的榜样。

> 许多情况下，当不那么需要的时候，领导者往往给予支持，而当最急需的时候，领导者却默不作声。在销售员赢得大单之后，会有许多人给他打电话祝贺，给予他支持，但当接到第4个或第5个电话之后，他也许就不会那么激动了。而在销售员完不成销售目标时，我会给他们打电话说："嗨，我知道你这一年很不容易，不要担心，我们会支持你的。你这些年一直做得很好，不要回头，要向前看，我们一定会支持你。"当接到这样的电话时，他们将难以忘怀。他们可能很难记得赢得大单之后的第15个祝贺电话，但对于处于低潮时给自己鼓劲加油的人，他们将铭记于心。我希望下属知道：我们理解他们面临的各种困难；我们知道自己对他们的要求有难度，保持以往的记录并非易事，我们理解这一点。我们也必须确定，知道他们知道我们的赞赏，知道我们理解他们的努力。

能够将情商和优异的表现结合起来的领导者，才能够激励下属做到最好。

吉拉德·切特文（Gerald Chertavian）是Year Up公司的创始人和首席执行官，该公司通过教育、培训和提供实习机会，致力于为低收入的年轻人提供支持，推动他们在学校学习和职业生涯中取得成功。吉拉德曾经说过，

> 通常人们对市中心居民的期望不高，这是一种偏见。但我们对他们有较

> 高的预期，并为此采取了相应的支持措施。我们并不认为这种做法是错误的。你可能会帮助他人，但却对帮助对象设定一定的标准且从不降低。许多情况下，如果不能得到最合适的帮助，我们宁愿接受得少一点，或者期望值低一点。这或多或少是出于社会的成见，即年轻人能力不足，智商不够，或者水平过低。但我们深知，实际并非如此，因此我们日积月累地努力，试图改变这种状况。在向帮助对象提供大力支持的同时，我们也通过制度确保他们诚实可信，这种方式切实可行。学生们也希望这样，许多年轻人说，没有人为他们设身处地地思考，并通过制度确保诚信。没有人为他们进行透彻深入的分析，推动他们更好地实现自我价值。我们这样想过，我并不认为，种族、经济地位或者国籍存在差异，就会造就个体价值产生不同。

如果有正确的引导，看起来平凡无奇的人也能做出不平凡的事迹。下面这个小故事，是我在 IBM 培训班上第一次听说的，它很好地阐释了这个道理。

在一个晴朗的日子里，一艘满载乘客的小船正沿着湍急的河流快速行驶。突然有人大喊:“有个孩子掉到水里了！”船上的乘客开始尖叫呼救,现场一片混乱，这时乘客看到一个人跳到了水里。一段令人焦急的等待之后，这个人重新浮出水面，怀里抱着孩子。这个人和孩子重新回到船上之后，每个人都为他欢呼鼓掌。有人问:“你这样做的勇气来自哪里？”这个人一边回答一边问道:“刚才谁推的我？”一个优秀的领导者，善于把握推动下属的方式和时机，使他们能够取得远超自身预期的成就。

在结束这个话题之前，让我再提一下海军上将马伦。尽管位居全球军事权力最大的人之列，同时管理超过 200 万人，但他却是一位十分谦逊的人。在我们交谈的时候，他慷慨地抽出时间，与我分享自己在创新方面的经验，读者也不难在本书中看到他的思想和评论。但我必须承认，在上将的领导理念中，我最欣赏的部分并非他亲口所讲，而是来自网上有关上将的评论。在接受《哈佛商业评论》（*Harvard Business Review*）的采访之后，上将的正直、信任和尊重感染了士兵。

有个曾在马伦上将麾下服役的年轻人撰文，回忆起他被控违规饮酒的事情，当时他已经是第3次被指控了。他希望自己能够以“不那么丢人”的理由被军队革除。但马伦上将为他提供了改过自新的机会，让他参加酒精康复项目，这样他就可以继续自己的海军生涯。这名年轻的海员参加了这个项目，当他毕业时，马伦上将还亲自参加了他的毕业典礼。他最终康复，之后一路晋升，在海军服役22年后退休。

我觉得这个闪耀着人性光芒的小故事十分令人感动，同时又发人深省，这是一个极具代表性的例子，说明了一个与众不同的领导者在他人的生活中扮演着怎样的角色。

良好的判断力

在这个故事中，马伦上将不仅体现了自己悲天悯人的胸怀，也展示了他作为一名领导者的良好判断力。对领导者而言，良好的判断力是一项重要的成功要素，此外，在决策形成的过程中，我认为直觉也起着重要的作用。一项决策的制定要牵涉多种人为因素。对公司的未来发展和团队成员的职业生涯来说，领导者的直觉和判断意义重大。

约翰·汤普森解释说：“灵敏的直觉会使领导者受益，而死记硬背和墨守成规却做不到这一点。要成为成功的领导者，就需要有预测市场变化的能力，有洞察客户需求变化的能力，还要有知悉困扰员工问题的能力。这些是领导者需要做的。没有什么直觉是天生的，领导者需要通过时间积累，在不断的磨炼和学习成长过程中，培养出灵敏的直觉。”

伟大的领导者应具备未来意识。许多管理人员仅仅关注当前数据，而对未来一无所知，这样的例子数不胜数。伟大的领导者和创新者还应学会运用自己灵敏的直觉，引领团队在本行业取得非同寻常的创新成果。

营造创新的氛围

到目前为止，我们已经谈了许多话题：讲话要充满信心，要满怀激情，要目光长远，要激励他人，展示出尊重、正直和信任，有情商，目标远大，拥有良好的判断力。但是，不管你是否相信，这些都是最基本的。我认为，一名领导者要想成功，不管其角色如何，都需要具备这些素质。对于想成功创新的领导者来说，还需要满足更高的标准。他们要营造一种氛围，使创新能够茁壮成长。

企业文化是企业一致认可的统一标准，也是企业员工共同的理念。从积极和消极两个方面，企业文化界定了一家企业能够接受和绝对禁止的行为。在重视创新、支持创新的企业文化培育过程中，领导者的作用十分重要。而在推动员工的创造力竞相迸发的过程中，最为重要的因素，当属面对失败时员工思维方式和管理方法的转变。

内森·梅尔沃德是一个创新者，曾任微软首席技术官，对于硅谷创新文化的特点，他表达了自己的真知灼见。

> 硅谷文化的重要特点之一，就是如果你就职于一家创业公司，即使这家公司失败了，也不意味着其他人就不雇用你了。实际上，其他人很可能会雇用你，因为事情失败的原因是多种多样的。创业公司的失败，并不意味着公司创意不好，或者公司雇员能力不足。也许有些创意不好，也许部分雇员素质不佳，但总体来看，失败仅仅是一笔学费。这笔学费价值不菲，坦白来说，人们更喜欢从其他人那里学习，让别人来缴纳学费，自己却能学到哪种方式不可行。因此，这就是过去30年间的硅谷文化，通俗来说，就是如果

你的创业公司失败了，没问题。硅谷相当宽容。因为如果不保持宽容，它就很难维持快速创新的步伐。当我在欧洲或者亚洲出差时，有时人们会问："我们怎么没有自己的硅谷呢？"这时我会反问道："如果你们有一家创业公司，筹集了 5 000 万美元，雇了一大批人，业绩节节高升，然后却突然破产了，你会继续雇用这些人吗？"他们许多人回答说："噢，不，当然不。"然后我就会说："这就是你们没有硅谷的原因！"因为，如果营造了一种人人都希望安稳平顺的企业文化氛围，就没有人想要承担风险进行创新。许多公司都希望提高创新能力，但在鼓励员工冒险方面无所作为。我并不是说要把失败作为目标，但失败应当是可以接受的。

内森喜欢举棒球的例子来说明这个问题，因为棒球的规则是，与三振出局受到的惩罚相比，队员主动得分会得到更多的鼓励。他解释说，

我们假设，你的安打率是 0.33。那么，这就意味着你三振出局的概率是 70%，这太糟糕了！但是，你实际上可能是棒球界的最佳击球手之一！因此教练不会说："你这个废物！你要打中 100% 的球！"相反，他会告诉你："很棒！你的安打率高达 0.33！"好吧，创新可比打棒球的风险高多了。因此，允许有时出局的创新文化就更加必不可少了。如果你认为创新很简单，而且创新的过程总是积极向上、多姿多彩，那么你的预期就出现了偏差，最终很难成功。因为一旦出现困难，你可能就会胆怯。

发明家狄恩·卡门也以同样的热情和信念，对这个问题进行了阐释。

绝大多数大型公司和组织机构都倾向于避免失败，让我们想一想"管理"这个词本身。一家管理良好的公司能精确预测自身的经营业绩；公司控制经营环境，避免意外情况的发生，因为意外通常代表失误。因此，管理的

> 目的是避免产生不可预知的结果，而创新本身就是不可预知的产物！我想，正是这种思路的存在，才导致许多公司不约而同地认为，没有失败就是成功。但我不这么想。我认为，成功就是与其他人看到或听到的成绩相比，自己可以做得更好。如果业绩表现足够好，创造价值足够高，我们称之为创新。

狄恩十分细心，没有说失败不存在负面影响。他想表达的是，我们有能力而且应当对失败的负面影响进行管理和控制。为此，我们需要做的，只是消除自己畏惧失败的情绪。

我认为，大型机构需要果断地拿出部分资源，用于风险投资，需要调拨一定人力来开发可能失败的项目，或者说是做一些不同的事情。如果失败了，要妥善处理并承担损失。而如果成功了，我们就能加快脚步，找到更完善的方案，解决一些世界性的难题。鉴于大型机构资源强大、人才众多，我相信，如果它们以这种方式调配资源，社会进步的步伐将大幅加快。狄恩也谈到了失败将承担的“责任”，指出我们应当区别看待可能会将机构或者客户置于风险之下的失败，以及成功之路上必经的失败，这两者是不同的。

> 以公司的前途做赌注进行创新，致使公司破产、工人失业，这种做法是极度不负责任的。但承担一定的风险，清楚地知道自己可能会在某些时候面临失败，但不管从情感上还是财务上，为此付出的代价都在自己可以承受的范围之内，这对于一些大型机构来说，不失为一种提高创新能力的有效方式，还能避免有些机构存在墨守成规的偏见，认为只要失败就是坏事。营造一种鼓励创新的环境，让员工形成这样一种意识，即只要认真负责，即使结果失败了，公司也会宽容对待，这种做法在现实中是可行的。失败是生活的一部分，而且即使失败，也是项目的失败，而非全部是个人的问题。对于失败对公司本身及各种资源的影响，只要控制在一定范围之内，就是

完全可以接受的。

在过去一段时间里，很少有人对这两种失败的重大差别进行区分，这种情况在大型机构体现得尤为明显。不管是哪种类型的失败，都会影响个人的声誉、职业规划甚至工作机会。因此，人们自然而然地就会回避风险。当失败不可避免地发生之后，大家不是从失败中学习并分享经验、教训，而是觉得要弱化失败，甚至掩盖起来。在当前多数大型机构中，这种思维定式大行其道，其影响范围不断扩大，已经远远超出了升职和加薪等领域。如果所执行的项目失败，人们常常感觉自己与他人隔绝，被公司遗弃。这与狄恩在德克公司大力倡导的公司文化形成了强烈反差。

> 在德克公司的时候，我努力让下属知道，在解决传统问题的时候，采用与以往不同的技术，尝试与众不同的思路，这样做是没有问题的。绝大多数情况下，他们不会主动尝试。但在完成一个项目的时候，即使项目结果是失败的，公司却并不认为执行项目的个人是失败的。员工逐渐发现，只要能从失败中总结教训，有所改进，公司并不会对个人进行惩罚。我们甚至庆祝失败，以一种积极乐观的态度来调侃失败。我们把这叫作“亲吻青蛙”。大家都知道，即使亲了很多青蛙，除了青蛙身上的疙瘩之外，你可能一无所获，但偶尔青蛙也有可能变成王子或公主。在德克公司，对有大型公司工作经验的员工来说，他们往往需要一段时间才能真正适应公司的文化。有时候我会让员工尝试一项难度极大的工作，我清楚地知道，他们努力之后，一定会失败。公司不会对这种失败进行惩罚，相反，对于他们花费的时间、做出的努力、付出的精力和面对的失败，公司都会表示尊重和认可。我们鼓励他们勇于尝试，不会因为他们失败而施加惩罚。经过一段时间之后，他们变得活跃起来，乐于尝试前所未有的工作方法。在这个过程中，对于

之前的方法为什么行不通，他们列出了全部的蹩脚原因：旧方法不可行、费用太高、太这样、太那样，等等。但偶然间，更好的创意和更先进的方法终于发生了化学反应，有员工走进我的办公室说："嗨！看看这个，它体积更小、重量更轻、速度更快、价格更低、更加实用，这就是解决老问题的更好方案。"然后我们欢呼庆祝，而且许多时候，这种新方案能创造更多的价值，这样我们就拥有了更多的资源，可以进一步推动更多的创新。这些创意早期花费不菲，但如果你有坚定的信心，鼓起勇气勇敢面对失败，它们最终将不会让你失望。

就像你预想的一样，如果没有失败，汤姆·门多萨的公司就不会取得如此的成功。

公司有可能成为创新粉碎机。公司集体思考，不断消除风险，这就从根本上铲除了创新的土壤。当我们陈述自己价值观的时候，往往会说我们将勇于承担风险。我经常向其他人这样说："如果你不承担风险，这本身就是一种风险；如果你不做决策，这本身就是一种决策。什么都不做并不能保证你安枕无忧。简单地认为自己无所事事地待着就不会受伤，这并不能让你远离风险。如果希望创新就要承担风险，这意味着，有些事情会取得成功，而有些则会失败，创新需要这样的氛围。因此，让我们勇敢向前……"

更进一步说，领导者应当营造并维持一种容忍失败的氛围。这要求领导者对公司进行深入研究，审视迎合传统思维模式的经营行为，代之以鼓励承担一定的风险，并从失败中吸取经验、教训，以推动创新的实现。

即使是在允许失败的氛围中，对风险实施控制仍然是可行的，而且也是必要的。吉姆·费伦（James Phalen）是道富银行运营和技术部门的主管，同时也是公司执行副总裁，他说道，我们公司的业务受到严格监管，考虑到我们持有的资产数量以及市场的系统性风险，严格监管无可厚非。在这种环境下进行创新，意味着需要付出更高的成本和具备更强的控制力。我们不能让公司的丑闻登上报纸头条，更不能给股东带来巨额损失。但是，严格遵守监管规定，并不意味着要以牺牲公司的创新能力为前提。监管要求并不能作为创新不足的借口，更不是实施创新的障碍。实际上，如果从提高专业水平和完善服务质量的角度来看，你会发现，监管实际上是创新的一大优势。在创新方面，道富银行就找到了巨大的市场良机。例如，道富银行创立了第一只交易所交易基金（ETF）。我还记得，在公司管理委员会会议上，我们对ETF产品的概念进行评估，同时也在考虑一些其他的产品规划。资产管理团队已经设想了一款新产品，与我们的被动型产品有些类似，但是新产品的价值是实时变动的，申购、赎回也是实时进行的，与传统基金相比，这款产品在交易的时候，与股票十分类似。最终会议做出了正确的决定，我们为这款ETF产品提供了资金支持。而事后看来的不足之处是，公司没有在这款产品上押上全部身家！我们也同时在其他产品上倾注了部分资源。但应当注意的是，在最初销售风险产品的时候，公司就应当考虑采取措施应对可能带来的不利影响。

在保持与总体法则和业务实践相一致的基础上，公司精心计算之后所承担的风险，应当在风险和收益之间取得平衡。这些法则明确了公司对风险的“容忍界限”（如投资金额、资源调动时间、公司声誉、客户影响等），同时对公司创新进行了结构性的整体规划，这样做的目的，就是在必要时让风险可以及早暴露，投资损失也能降到最低。对于这类界限范围内的“损失”，公司显然应当从中吸取教训。为了从这些教训中获益，领导者也应当确保公司真正从中有所收获，并与他人共享，这样才能保证损失不会无休止地重复发生。

显而易见，正确的领导是一件极度复杂、牵涉甚广而且十分重要的事。马伦上将告诉我们，

> 作为一名领导者，我认为，你需要进行一次透彻、坦诚的自我评估，以此来确定自己是否能够做好领导创新的工作。如果结果是否定的，那你就需要找到可以做好这项工作的人，向其授权并提供必要的支持。对于个人和公司来说，都需要采取适当的激励措施，只有这样创意才会不断出现。

下面列出了领导效能的3个层次，能够帮助我们实施自我评估，正如马伦上将建议的那样。

首先，我想和大家分享一个尤金·陈的故事。这个故事让我们对领导的两个重要特征有了更加深刻的认识。第一个特征是，领导能力并非天生；第二个特征是，创新能力最强的领导，总是那些能够引领自己、改变自己的人。

> 在创办第一家公司的时候，我这辈子还从来没有管理过任何人。对我来说，就连让几个人提高点工作速度都难如登天。学习成绩突出、各种测试优异是一回事，而培养自己的软技巧、与人顺利沟通则是完全不同的另一套体系，我之前都未曾想过。因此，在这方面我要学的东西多不胜数。
>
> 当半数员工要求离职的时候，公司经营的低谷也终于来临。当时公司已经开业两年，而很明显的是，我根本不清楚自己在做什么。我记得当时有10~20名员工，公司许多事情乱作一团。我预算做得不好，公司已经无钱可用。与员工的沟通糟糕至极，其原因是，当时我认为都是自己的问题，而与团队成员无关。总体来说，当半数员工离职的时候，所有不利因素搅和在一起，终于酿成灾难性的后果，我不得不进行重组调整。

因此，我进行了一段时间的自我反思，有些外部咨询师也帮我走出困境。一直到一年半之后，我才重新出发，随后一切都变得更加顺利。前后的区别恍如隔世。

我思考的部分内容，是关于如何更好地承担责任，学习如何管理团队，而对团队的信任，才是自己最宝贵的东西。我还思考，如何才能成为一个更好的沟通者，这样其他人就不用费尽心思地猜测你到底在想什么了。作为领导者，应当清晰描述事物发展的路径，仅仅有宏伟的愿景还不够，还要包括你如何才能脚踏实地地实现目标。因为当这样做的时候，你就能切实看到，自己的能力在不断地提升。汇聚了不错的创意、应用先进的技术、对如何实现愿景胸有成竹，除了这些因素，你还要建立由优秀人才组成的团队，这样才能帮你达成令人惊叹的创举。

领——有效性水平

现在，在这个法则的指导下，让我们再次看一下领导效能的不同层次，以使我们可以更好地进行自我评估，从而决定是否需要做出进一步改进。

◆第一层次：限制创造力

在第一层次，我们限制了创造力的发挥，通常扮演着“大脑”的角色，把下属看作“四肢”，让他们严格执行自己的指示。我们无法给下属以清晰的规划指引，也无法让他们有自主的感觉。这个层次的领导者，无法赢得下属的信任和尊重。下属执行解决方案时，容易滋生“盲从”的心态，难以带来预期的变化。已有的业务模式使员工对现状已经开始厌倦，但我们对此却一无所知。

◆第二层次：利用创造力

在第二层次，我们做得就好多了，利用员工的创造力，我们可以向他们传达清晰可行的短期目标，以激发他们的热情，鼓励其自主意识，增强信任程度。我们塑造了正直、诚实的形象，并由此赢得了下属的信任和尊重。在设计和实施解决方案的时候，我们让下属参与进来，增强了他们的认同感并减少了抵触情绪。公司注重加强激励或采取一些辅助激励措施（如补偿措施）来增强员工的责任意识、主动意识和团队意识，在承担一定风险、面临失败的情况时，也能够把惩罚降到最低。

◆第三层次：培育创造力

在第三层次，我们已经位于领导的最高层次，能够营造创新的氛围，描绘激动人心的未来蓝图，使团队形成强烈的共同使命感。我们总是鼓励下属勇敢创新，让他们做到极致。通过把激励、社交暗示、流程管理等多种措施结合起来，我们可以有效地鼓励创新并实施风险管理。此时领导者发挥了情商优势，得到了下属的高度认可，通过鼓励和支持下属的工作，让他们可以取得超出自己预期的业绩。领导者还能积极支持流程管理，使下属能够大胆试验，使挫折变得更有意义，并能够从中不断学习。

许多公司员工的激情和创造力都处在尚未开发的阶段。对公司各层级的领导者来说，他们有机会调动这些巨大却尚未动用的资源。这方面的努力不会白费。正如马伦上将对我说的：“出色地完成一项工作任务，或者有机会创造价值、回报社会并变得与众不同，这些都会让人们产生巨大的成就感。你需要的，就是精心呵护这种期待。对一个创新能力十足的员工来说，如果无法找到可以沟通的领导者，那他就只能另寻下家了。”

领——将法则付诸行动的具体步骤

个人

对一家公司来说，领导者的作用并不仅仅局限在管理和执行上，公司的各个层面都有他们的身影。对此，美国第六届总统约翰·昆西·亚当斯（John Quincy Adams）曾经进行过精彩的阐释："如果你的所作所为能激励他人，让他们敢于憧憬更大的梦想，善于学习更多的知识，乐于做出更大的努力并最终取得更大的成就，那么你就是一个领导者。"领导者能够描绘清晰的未来蓝图，并带动他人一起满怀激情地为之奋斗。领导者能够树立远大的理想，并协助他人把梦想变成现实。领导者能够以身作则，营造彼此信任、相互尊重和正直诚实的团队氛围。领导者不断努力，提高自己的情商水平，提升自己的判断能力，不断从实践中获得收获并向自己的领导榜样学习。

团队和公司

创新型的企业文化是鼓励试验和学习的文化。为此，就需要把远大的目标、具体的流程和各种激励措施结合起来。要向员工说明，团队或公司可承受的具体风险底线，员工采取合适的方式进行正确的尝试之后，即使结果并不"令人满意"，公司也不会对员工进行惩罚。与此相反，公司会奖励这些员工，鼓励他们积极进取的勇气。同时要设计合理的流程，确保公司能够从这些实践经验中学习和提高。

• 如 • 何 • 引 • 领 •

※ 要有引领的激情和必胜的信念！

※ 要表现出真诚正直、激情活力、乐观积极、坚定自信、诚实可信以及善良温和的品质。

※ 要描绘创新的蓝图，也就是对未来的设想。

※ 要营造创新的氛围——鼓励、激发和奖励创新。

※ 要乐于迎接改变，勇敢承担预期风险。

※ 要与公司内外部的各类利益相关者进行有效沟通，清楚沟通的对象、方式和时机。

※ 要有良好的判断力——找准沟通和行动的合适时机。

※ 要以积极的态度面对挑战。问题总有解决方案，如果没有，要设计出来。

※ 要赢得下属的尊重，不应强迫他人或者靠职位压人。

※ 要努力做到与众不同——充分利用已有资源，不断提高长期战略价值。

第三章 計 计

在主管公司的全球基础设施部门时，我经常告诉员工：“等到业务部门向我们提出需求的时候，一切就已经太晚了。”我想表达的是，尽管各项战略的实施和业务的开展都严重依赖基础设施，但要指望业务经理们这样想，或者让他们意识到业务部门对基础设施的依赖程度，显然是不切实际的奢望。例如，在他们对公司新的全球业务进行规划和畅想时，参与规划的人里面，没有人会提及网络链接、响应时间或者安全架构。他们也确实不应该涉及这方面的话题。但在业务规划执行过程中，这些重要的服务必须到位。作为基础设施部门的主管，不能等着让别人提出要求，而是要主动思考，提前做好准备。这就需要我们认清业务发展方向，把业务需求与技术进步结合起来，提前设计好便捷、灵活的路线图，以满足业务增长的需要。

设计可灵活调整的路线图

所有的创新领袖都需要设计好路线图，这样他们才能实现自己的目标，达成预先的设想。路线图是一种战略，为我们从当前到达目标彼岸做好规划。

我的上司和导师山姆·彭明盛告诉我说，

> 作为一名领袖，最核心的职责，就是要确定公司和个人做出改变的时机，以及哪些无须做出改变，哪些必须默默承受。妥善地应对这些问题并不容易，尤其是在当前社会，情况变化如此之大，变动的强度如此之高，变换的方式如此多样。不管是作为企业主管，还是政府高官，你都面临巨大的压力，要取得短期成果，迅速解决问题。要在这样的环境中繁荣发展，加强长期管理就显得尤为重要。在IBM工作期间，我们对此进行过认真思考，一百年太久，就数十年而言，到底怎样才能让一家企业或者机构生存、壮大。
>
> 让人备感鼓舞的是，历数我共事过的那些具备超前思维的全球领袖，他们取得的显著成就并没有局限在短期范围内。他们主导的创新模式，形成了良性循环，为不止一代人的成功打下了基础。他们实际上是建立了创新的制度。

创新领导者之所以能做到这一点，所采用的方式之一，就是运用一定的法则，我把这一法则称为“计”，这也是本章的题目。“计”是指这样的一种流程，我们可以通过这一流程来确定工作目标、制定工作方法，并明确在实现目标的过程中，我们能够并取得怎样的重大成果。“计”的内涵不止于此，在实现目标的过程中，提前预判可能遇到的问题，及时修正可能出现的偏差，这都是“计”的内容。你可以把“计”想象成国际象棋游戏。当最初学会玩国际象棋的时候，我们只注意眼前变化。我们扫视棋盘，寻找可能马上带来威胁的棋子，保护自己并伺机消灭对手的王。当消灭对手的其他角色时，我们并不会得分，但即使这样，我们仍然希望逐步削弱对手，一步步逼近对手的王。随着棋艺的提高和经验的积累，我们能够提前几步做出预判。此时，我们就会有意识地针对对手的重要目标发起攻击，并采取一系列措施来实现我们的目标。但这时我们在棋盘上仍是在一点点地艰难挪动。我们紧盯着对手的王，但具体操作却落后许多。最后，当晋级成为高级棋手之后，我们的注意力就随之转移了。现在，我们玩国际象棋游戏时，脑子里就有整体设计了。我们可能会制定并采取一些临时措施，但这都是此前我们经过深思熟虑后做出的周密安排的一部分，一切都是为了击败对手的王,实现这个最终目标。上述精心周密的安排,就是我们的路线图。

在国际象棋比赛过程中，棋子的位置会不断变动，同样的道理，如果我们事先认为周边环境是静止不动的，那么据此制定的路线图也难以有效地发挥作用。有效的计划要求我们对未来进行预测，并据此设计出有针对性的路线图。在某些情况下，我们能够观察到正在发生的情况，对未来的预测也有很大的把握，由此就可以设计出相应的路线图。还有一些情况，我们也许可以预测类似的情景，但却不清楚哪种情况最终会实际发生。这就要求我们在设计路线图时,对可能发生的每一种情景,都能够迅速反应并有效应对。当然，我们也总会碰到一些完全没有预料到的突发情况。在设计路线图时，我们也要考虑这些因素。要把路线图设计得尽可能便捷、灵活，避免因为不必要的假设把自己逼入死角。

计，与其说是一门科学，倒不如说是一门艺术，通过自己的经验积累，我们可以不断提高“计”的水平。我们也能通过学习他人的经验而进步、成长。在本书的写作过程中，我采访过的多位创新者都讲述了许多有趣的故事。

計

計，去声，字根从“言”，“言”指文字或话语，“言”本身也构成“計”字的左偏旁，是从“口”的形状演变过来的象形文字，意思是“嘴”。“計”字的右边是“十”的象形文字，意思是“十个”，“十”在汉字中被认为是完美的数字，表示圆满。“計”意味着战略、谋划、计算、校准，生成方案，组织或者制订计划。全球领导者都会制订多重方案，许多情况下方案的影响都很重大，当执行方案A时，一个可以调动各种资源的领导者，可能会将方案B和C作为备选，以防止方案A出现问题时，可能导致延迟或花费太长时间才能克服困难；也有可能是情况发生变化，就可以立即执行方案B和C。许多具有传奇色彩的中国领袖都具有这种领导能力。

视野定位要长远

正如我们在前几章所讲的那样，对优秀的领导和创新者来说，制定未来的远景目标至关重要，就像没有对未来的清晰预见就无法制定路线图一样，二者道理相同。在这一部分，我们举几个创新业务规划的例子。

约翰·汤普森是虚拟仪器公司的首席执行官，他天生具有高效规划的能力。他曾和我谈起自己在担任赛门铁克公司首席执行官时的经历，我把他的回答摘录如下。

赛门铁克公司的成立，最初源于两家小型电脑软件公司的合并。企业在个人电脑时代的发展战略，就是把数据黄盒子堆满全球各零售商店的货架，当时这种风气盛极一时。而且可以肯定的是，当时如果走进史泰博（Staples）或百思买 (Best Buy) 的店铺，你必然会被淹没在黄盒子的海洋里。通过这种方式，公司取得了不俗的业绩，从几乎一无所有，做到了 1999 年的 6.32 亿美元。

但随后互联网浪潮扑面而来，与传统的软件公司相比，市场更加钟爱真正的互联网公司。赛门铁克公司当时并没有制定“互联网发展战略”，因为尽管收入高达 6.32 亿美元，但市场的全部规模才只有 13 亿美元，董事会成员对此心知肚明。与此形成鲜明对比的是，当时许多互联网公司已经上市，尽管这些公司收入很低，但却有着数十亿美元的市场机会。所以显而易见的是，与投资者最初向赛门铁克公司投资入股时的情景相比，如今公司发展战略的吸引力已经明显不足，而这也正是推动董事会转变领导风格的原因所在。

在为 IBM 工作了 27 年零 9 个月之后，我于 1999 年 4 月加入赛门铁克公司。我清楚地记得，在考虑这个工作机会时，我正就职于一位朋友的董事会，在是否应当同时包揽新公司总裁、首席执行官和主席 3 个职位这一问题上，我拜访了这位朋友，想听听他的建议。他给我的建议是这样的：“反正就任之后你要负责所有的工作，那包揽所有的职位头衔又有何妨呢？”但随后他还说：“其实你也知道，在就任之后，认真地考虑一下自己将从哪些方面入手开展工作，这一点十分重要。不要现在就做出回答。花上一些时间，仔细听听团队的看法。不要怯于分享自己的观点，但也要注意合理分配‘听’和‘说’的比例。在就任后至少 100 天内，要更多地‘听’，更少地‘说’。”

而这正是我所做的。首先我集中精力，弄清公司为什么开展当前业务，而为什么没有像市场上其他那些更加成功的公司一样，拓展其他的业务领域。因此，在入职的第一个 100 天快要结束的时候，我已经确定了公司的发展战略，也就是要推动公司成为网络安全领域的领导者。在我作为首席执行官召集的首次分析师会议上，我宣布，公司将专注于守护网络安全，并要在该领域取得领先。与诺顿杀毒公司（Norton Antivirus）相比，我们的规划优势更为突出，公司在网络安全方面投入的能量和资源，要远远高于其他业务领域。同时我也表示，对于与网络安全无关或对网络安全不重要的业务，公司将会进行最大程度削减。而我们确实也做到了这一点。

之后，我们首先处理的是ACT! 业务，个人通过这项业务，可以对联系人进行数据库管理。尽管这项业务在市场上表现优异，但由于不符合客户关系管理的法则，我们就没有继续开展这项业务的理由。在把这项业务卖回给创始人之后，我们又开始尝试出售Visual Café 业务。这项业务也处于市场领先地位，但与我们的业务方向不符，而且更显而易见的是，除了在赛门铁克公司的营销战略中占有一席之地，这项业务与公司的整体规划几乎没有任何关联。

公司仍然保留了个人电脑软件业务，其原因在于这项业务具备超强的收入贡献能力。这项业务增速并不是特别快，但利润水平很高。我们认为，可以利用这项业务带来的利润，支持公司网络安全业务的发展。当时，网络安全业务并没有明确的领跑者。许多人认为，仅从杀毒领域来看，迈克菲（McAfee）是团体安全业务领域的先行者，而我们则在个人安全领域处于领先地位。实际上，杀毒防护领域并没有确定的领跑者，因为安全类别的定义是随着互联网的发展而不断变化的。因此，最后的结果就是，在认真聆听和思考之后我们制定了发展战略，并为此投入大笔资金，由此公众就认为，我们希望成为安全领域的领导者。在策略宣布之后一年的时间里，公司改变了自己的口号，希望成为行业领导者，这是向同业发出的另一个信号，即公司的业务风格将变得越来越具有侵略性。

战略规划宣布后不久，我们收购了一家位于弗吉尼亚州名为URLabs的小公司，这家公司在网址过滤方面拥有一些相对先进的早期技术储备。当时，大型公司客户都很担心，互联网可能会转移员工的注意力，由此给公司带来负担。因此，对于员工经常光顾的网站，尤其是可能占用公司资源的网址，公司希望能够加强过滤。我们认为这是一个发展的良机，使我们能够跳出个人业务领域的限制，进入团体业务领域。而这也符合公司的现金预算。在一两笔小型交易之后，我们通过大笔交易，收购了 AXENT 科技公司，在企业安全管理领域，这家公司处于市场绝对领先地位。这就再次向市场发出了极为明确的信号，我们公司将不会局限于已有的消费者业务，同时要大举向企业市场进发。公司为此付出的成本也是引人深思的，当时我们收购 AXENT 花费超过 6 亿美元，这大约相当于当时公司市场整体规模的 30% 到 35%。

不久之后的 2001 年，尼姆达（Nimda）病毒爆发了。在不到半小时之内，尼姆达病毒就成为历史上传播范围最广的网络病毒，我们公司的业务随之出现了爆炸式增长。在接下来的 3 年时间里，我们 3 次对公司股票进行了拆分。公司市值最高曾达到约 250 亿美元，而我刚加入公司时仅为 13 亿美元。因此公司全体都对自己的表现感到满意。我原计划在公司工作 5 年，并做好了退休的打算。但随后我们认识到，世界正在发生深刻的变化，由于网络的出现，每天都会产生大量的数据，这超出了企业进行安全维护和实施有效管理的能力。各类风险的特点也在发生变化，如果企业无法有效防御各类攻击，那至少要具备信息还原的能力。在数据备份和信息还原领域，市场领导者当属维尔软件（Veritas），这家公司因为错失了一些市场机会，经历了一段相当艰难的时期，公司股票大幅下跌。而我们公司的业务规划也在不断发展，当时我们认为，公司要在安全和信息管理业务方面有所建树，而不能把自己局限在安全管理领域。

而这种思路产生的直接影响，就是公司对维尔软件的并购，这是高科技领域宣布并执行的最大规模的并购之一。可以说，这是我在赛门铁克工作期间经历过的最艰难的一次并购。并购的结果与我最初的预期并不完全一致。但公司十分坚决，要继续推动业务发展，满足预期之中不断变化的市场需求，不仅要守护人类创造的劳动成果，还要与客户的需求保持一致。

约翰的这个故事充满了令人叹服的真知灼见，详细讲述了他是如何重新为赛门铁克公司制定规划，并设计和执行路线图的，从而最终实现了公司的目标。我们还应注意这样一个事实，在刚入职的时候，约翰花了大量时间来聆听，这是第一章的主题。在我们随后的交流中，约翰进一步阐释了自己为什么投资于虚拟仪器公司，如今他已经成为这家公司的领导者，并对自己和这家公司都制定了详细的未来规划。

目前IT虚拟技术已经十分完善，在这种情况下，我认为基础设施运行管理的重要性也越来越高。我坚信，行业的每一个拐点上都会出现新的问题，而这些问题是人们从未预料到的。而伴随着新问题的出现，随之也演变出新的领导风格。当客户、服务成为世界发展的推动力时，营销体系管理就会成为一个无比巨大的问题。因此Tivoli（IBM为企业使用IBM产品专门定制的IT管理员管理组件）、CA（全球领先的IT管理软件和解决方案供应商）和HP OpenView（惠普公司出品的电子业务管理工具程序）等都得到了迅速发展，如今行业年收入已经达到150亿美元。当网络成为世界发展的推动力时，安全就会成为一个很大的问题。在此之前，各种防病毒技术就已经存在，但正是互联网浪潮才真正把杀毒行业推到风口浪尖，并进一步刷新了人们对安全的认知。我认为，如今随着我们进入虚拟程度更高的云数据时代，新的潮流正在酝酿。旧的系统管理体系运作至今，已经有20年的时间。因此，新公司很有可能横空出世，伴随着独一无二的新环境共同成长。

约翰对市场演变的看法，与道富银行执行副总裁吉姆·费伦的观点交相辉映，吉姆曾经谈到，道富银行作为一家规模相对较小的波士顿银行，100年来它是如何演变成如今全球金融机构系统中最重要的银行之一的。

> 20世纪70年代，我们决定不再满足于一家传统商业银行的现状，而希望成为一家信托银行和资产管理公司，这个决定为道富银行带来了重大转机。当时，道富银行是波士顿第四大商业银行，位居波士顿银行、肖马特银行和新英格兰银行之后。当时我们选择告别传统模式，努力成为一家投资服务机构，这不能不说是一个相当大胆的决定。道富银行认为，新的业务前景广阔，而随着共同基金（Mutual Funds）、统合信托（Master Trust）以及养老金市场的迅速发展，公司判断的正确性得到了进一步验证，这个勇敢的决定让公司走上了一条完全不同的经营之路。回首往事，没有人能够预料到，在这4家公司中，道富银行将成为硕果仅存的独立公司，而随后发展成为全球系统中最重要的银行之一，这一点就更没有人能预料到了。我们当时做出转型决定，由一家传统银行变成一家信托银行，然后成为一家全球性的银行，而随后，与单纯的交易型银行形成明显反差，我们进一步成为一家信息公司。如今，公司发展迈上了新的台阶，可以为客户提供全自动服务，当前的技术已经不仅仅是一项工具，它本身就是一款产品。

设计可达成目标的路线图

当我在2001年加入道富银行的时候，一如吉姆所说，公司的业务领域正在发生重大变化，这包括公司业务范围向全球拓展以及业务重心向信息传递领域倾斜。但公司的信息技术设备却多年未变。

实际上，因为有人告诉设备经理，要尽可能地压缩开支，公司的许多技术设备已经严重老化，并处于超期服役状态。因此，对于信息设备部门的同事来说，保持一切正常运转所花的时间就已经让他们疲于奔命，应用新技术根本无从谈起。同时，高度分散的团队架构让员工无法找到责任感和归属感。在这种情况下，员工有时消极怠工，或者心存不满也就再正常不过了。当出现问题时，他们觉得要保护好自己的利益，让别人当替罪羊，却没有人想解决问题。

在与道富银行内部同事的首次谈话结束之后，我就意识到，部门需要进行一次重大的设备改造。现有的设备平台和服务模式根本无法满足公司当前的业务需要。我很确定，它们无法为公司的全球化和业务流程转换提供支持，对于当时正在执行的其他业务战略，它们也无法提供任何帮助。

我把管理团队召集到一起。在经过多次会议讨论之后，对于公司未来技术设备服务的前景，我们逐渐达成了共识，并制定了战略规划。我们预设了几个目标：第一，对于未来公司的全球 IT 设施，我们希望具备性能优越、适应性强、灵活性强等特点，这一点是最重要的。第二，我们希望提供最高水准的服务，有时将其称为“全球无缝服务交接”。第三，我们希望高效运作、节约成本，以最低的合理价格，提供高水准的服务。第四，我们还希望能够站在信息技术的前沿，以便完善服务水平，提高服务可靠度，提高服务效率，节约服务成本。

正如所有的业务活动一样，我们最先需要做出的决策之一，就是如何为团队争取资金支持。我们采取了几项策略，其中最主要的就是制订增效方案，通过这个方案，我们能够发掘节约成本的各种改进机会，这样就能节约出一定的费用，我们把这些费用用于项目再投资，这会进一步推动战略规划的实现。我们的再投资是有选择性的。实际上，正如下一章“提”中所讲的，我们要确定，通过自己的辛勤努力，公司的业绩能够得到切实提高。因此，我们每年都会把结余的预算费用返还给公司,金额动辄高达上千万美元。但通过业务整合和集中、合同重新谈判以及其他许多措施，我们知道，相当多的团队项目能够实现经费自足。同时我们也决定要充分利用生命周期管理,通过这种方法来更新固定资产,而无须增加额外的费用，对此我会在下一章中进行详细阐述。我们还设计了一种工作方法，名字叫“全球战略，本地执行”，通过满足本地部门的短期需求，不断取得业务进步，最终实现公司在全球的长期目标。

当明确了努力目标和资金策略之后，我们就立即行动起来，把各个项目落到实处。所有项目的核心都在于业务和财务管理方案，我们所制订的增效方案用数据说话，从业务价值的角度，对我们所有的工作进行评估，在公司各部门和各营业地都普遍适用。该方案由多项内容构成：矩阵评估程序、成本透明方案、业务沟通程序、培训流程、业务场景开发模型、供应商和资产管理条例以及其他规定，制定这些规定的目的，是为了在日常的设备运营过程中，推动业务管理流程的贯彻落实和连续一致。

第二个项目是技术管理，其目的是完善团队设备。该项目主要有两项内容：第一项内容是设备技术蓝图，针对每一个 IT 部门，我们规划了未来 3~5 年的技术发展方向。我们列出了一般目标，例如运行表现、持续可用性、虚拟化程度、灵活性、绿色计算等，此外还有很多。之后，包括网络、服务器、存储、终端用户计算、安全维护以及中间设备等在内的全部功能小组，都针对这一目标制定各自的规划。随后我们将这些规划提交给整合小组，并向包括公司主要 IT 合作方在内的执行委员会进行汇报。我们还成立了创新实验室，对新技术和创新产品进行测试，这样我们的技术蓝图就能保持随时更新。技术管理项目的第二项内容是全球数据中心战略。该战略要求我们用几年的时间，通过合并减少当地服务器机房的数量，代之以最先进的企业和区域数据中心。这些新的数据中心能够满足最高水准的安全防护、数据兼容、监管合规以及其他苛刻要求。我们认为，为了提高公司的全球竞争力，采取这些措施的必要性越来越大。

我们还启动了第三个项目，即人力资源管理计划，该项目最初的目的，是针对传统条块分割的业务部门，将它们整合到一个核心设施团队中。随着这个项目的推进，我们的组织模式也发生了改变，这个项目很快就以全球虚拟团队的名义而众所周知。当一家公司的基础设施环境高度分散而且差别很大时，当地的管理团队就可以运用独具特色的管理工具，设计差异化的管理流程，而这也正是道富银行的做法。为了协调各地实际，针对每一个重要的基础设施部门，我们都成立了相应的全球虚拟团队，通过这种方式，公司全球的部门同事都紧密地联系在了一起。这些团队通力合作，推动上述项目的贯彻执行，而他们遵循的法则就是“全球战略，本地执行”。这些团队还致力于促进公司全球流程管理的标准化，并把这些实践标准推广开来，利用信息技术架构库（ITIL）和精益流程（Lean），迅速将各地标准统一起来，不断提高业务效能和效率。我们同时认为，要营造全球文化氛围，就要汲取多方不同观点，为此我们启动了激励计划并采取了奖励措施，同时注重加强培训，以加快项目进展。

这 3 个重大项目共同运作，构成了公司的长期路线图，最终推动我们设计并实施了 21 世纪技术基础设施规划（21st Century Technology Infrastructure），由此为我们赢得了多项大奖。利用这一解决方案，我们为道富银行前所未有的业务扩张、并购和转型提供了完美的支持，同时也为公司步入云计算、实时数据存储、自定义数据分析等领域提前打下了基础。对于领导者来说，不管处于哪个行业，也不管扮演何种角色，他都能为自己、团队和企业设计好路线图，为从当前到达目标彼岸做好规划。

吉拉德·切特文是 Year Up 公司的首席执行官，他举了另外一个例子。Year Up 公司的唯一目标，就是希望协助年轻人找准自己的定位并取得成功。同时，吉拉德还制定了一条独一无二的路线图，以确保公司能够更好地满足客户的需要。

公司的业务模式和组织结构决定了，在向各家公司推荐实习生时，如果没有帮助这些学生做好充分的准备，那我们公司实际上将堕入破产的境地。我们与这些提供资金支持的公司是紧密联系在一起的，在我们筹集的资金中，超过50%是由这些公司提供的，只有利用这些资金，我们才能将年轻人的潜力挖掘出来。对一家非营利组织来说，这种结构并不常见，因为通常来说，公司一般以第三方机构的形式运作，就像政府机构一样，服务对象与公司一般不存在关联关系。总公司的这种结构，可能会导致金钱激励错位，并可能影响公司的运作效率和服务质量。在Year Up公司，我们有一种自我调节机制，如果公司运营不好的话，我们在6个月内就会破产。由于这种经济激励措施的存在，我们需要迅速地调整、学习、创新和改进，只有这样才能存活下来，承担起为年轻人提供高质量服务这一重任。

规划因变而变

尤金·陈是基因医学研究所和其他几家初创公司的创始人，他知道如何规划自己和所从事的工作，以更好地适应医疗保健业未来发展的需求，这就像我们通过技术蓝图，引领公司实现业务及科技目标一样。尤金在这里举了一个很好的例子，阐述了规划的法则和具体应用。

我正致力于追求改变，以适应医药行业未来的发展。这要求我们识别市场的关键需求，并勇于追问："我们如何才能做得更好？"为了回答这一问题,我花了大约5年时间考察市场状况。之所以没有考虑5年之后的情况，是因为我想基于市场实际情况。随后我问自己，"5年之后，世界会发生什么变化？而在这段时间里，我们又能采取哪些措施来抓住市场机会呢？"

一天晚上，我在医院做例行巡视，凌晨3点左右的时候，我突然想，从为病人采血到医生实际进行分析化验，这个流程是多么陈旧和迟缓啊。我想，“如果自己兜里有一个小型设备，能够替代这种医院的大型设施，或者不用再占据大约两个篮球场那么大的空间，要是能这样的话，不是一件很了不起的事吗？”随着思考的进一步深入，我认为，如果能帮消费者更好地照顾自己，他们没有理由不和我抱有相同的看法。消费者可以买一个血糖仪来检查自己的血糖状况，或者利用其他设备来查看自己的胆固醇水平。但这都是一些零散的思路。作为一名医生，在 20~30 台诊疗设备的帮助下，你的诊断水平能得到大幅提升。这就是为什么当你不舒服的时候，医生会让你到医院或者急诊室，只有这样医生才能掌握全面的信息。目前，对于这种有几百年历史的医患关系，我们还有很大的依赖，但是如果患者可以自我检测，同时软件也能提供智能分析，那么就可以大大避免患者频繁光顾医院。而且，对于关心自身健康的消费者来说，他们也可以利用这些分析结果，更好地进行自我健康管理。举例来说，他们每天都可以检查血压，实时监测胆固醇水平，而无须每年体检时才能知道这些结果。这类科技让普通人更为强大，并降低了社会成本。这就是我当前的关注点。

还有一个关于规划因变而变的好例子，那就是业务持续性计划这一概念。在这一概念的指导下，不管发生什么突发情况打断正常的业务流程，公司都能做好应对，维持重要业务的运转。业务流程面临的风险十分广泛，包括自然灾害、大规模的流感爆发、政治或社会动荡等。

道富银行的业务持续性管理策略属于“端到端”的创新规划，为此还赢得了多项业内大奖。真正的业务持续性，可以使各业务领域、各部门、各业务体系和各业务所在地之间的工作流程更加顺利、平滑，为了更好地做到这一点，就需要对上述各要素及其相互联系形成全面深刻的认识。道富银行对流程管理的全面把握，切实体现在公司项目管理的方方面面，在面临市场变动、竞争对手、科技发展、设备更换以及人事变更等潜在影响时，公司可以及时发现问题，并提出解决方案，为业务平稳发展提供支持。这种管理策略，使道富银行能够安然应对各种潜在的业务冲击，而无须特别关注冲击的范围、区域或者性质。

我们所有人也需要确定，面对可能出现的各种情况，要随时做好准备并进行有效处理。下面我列出了有效规划的3个层次，如下所示。我想让读者认真阅读并理解每个层次的内涵，如有必要，按照本章列出的步骤，逐级把自己的水平提高上来。

计——有效性水平

◆第一层次：被动反应

在第一层次，我们对所处位置和发展方向知之甚少，完全是紧急应对，而非规划未来。突如其来的变化常常让我们措手不及。

◆第二层次：积极回应

在第二层次，我们有对未来的清晰愿景，并有实现愿景的清晰规划。我们主动收集相关信息，并及时根据情况变动做出调整。

◆第三层次：战略规划

在第三层次，我们可以预测形势变化，并让自己和团队提前做好准备。通过制定整体的综合路线图，我们努力推动公司实现长期发展目标。而短期目标的实现也能为公司带来立竿见影的绩效，并有助于实现公司的长期目标，我们在这方面已经得心应手。

制定个人规划

我们必须不断努力，通过规划推动公司走向成功，与此类似，一个创新型的员工也要善于定位自己的职业规划。当刚开始工作时，我并没有完全理解美国式的公司文化。要完成多少工作才能成为一名优秀员工，对于这一点，我当时并没有什么概念。因此，我总是自愿加班，却从不上报，尽管我很清楚，上报加班可以得到额外的收入。我觉得管理层可能会认为，我是因为自己的能力不足，所以必须要通过加班才能完成工作。

因为加班的缘故，我总是可以提前完成工作目标，并保证工作质量。尽管当时我根本没有意识到，我对自己的规划是超越平凡。不出所料，我得到了更多的机会，在职业生涯开始后没多长时间，就被要求担任项目经理的工作。

每当上司给我提供一个管理职位时，我总是会拒绝，因为我很喜爱自己从事的技术工作。通过不断地提前且高质量地完成工作，我表现优异。我的业绩表现，让我有能力承担更多的工作职责。

然而，一个幸运的年份，当时怀孕 6 个月的我接受了自己职业生涯的第一份管理岗位，在纽约的 IBM 股东关系部门担任信息系统主管。因此，一年之内我双喜临门。

IBM 让我加入其管理人员储备计划，在随后的 10 年时间里，我有机会参与了更多科技领域的工作。一个星期五，部门经理让我和他在 IBM 的自助餐厅共进午餐。我们每人买了一个三明治，坐到一个安静的角落吃了起来。部门经理告诉我，公司准备让我去科罗拉多州 IBM 博尔德数据中心，担任网站信息系统和电信部门经理，听到这个消息我感到很惊讶，当时手里的三明治几乎都拿不住了。

这是我职位的一次重大提升，而我在 IBM 的一切工作积累，都为承担新的工作做好了准备。公司计划在下周二宣布这一任命，而我需要在 3 天内飞赴科罗拉多。

这个机会相当诱人。我的工作职责是负责管理 IBM 坐落于博尔德的 6 个重要部门的所有 IT 设备，实际上承担着相当于首席创新官的角色。我脑子里迅速思考着这次人事变动带来的各种问题。但我也意识到，这次出人意料的工作安排对我未来的职业发展是十分重要的，这关系着我最终的个人规划。这份职位能为管理类的工作打下坚实的基础，对一个未来的首席创新官来说更是如此。

尽管很有信心迎接这份挑战，但我 13 岁的女儿米歇尔却提出了问题。她当时正在 8 年级，朋友都在纽约的斯卡斯代尔，当时我们也住在那里，米歇尔不想离开朋友们。我的丈夫维纳尔（Werner）也很焦虑，他拥有一份很棒的工作。同时，作为家里唯一的孩子，他父母年事已高而且患有重病，没法搬走。我们最终做出了一个决定：我将独自搬到博尔德，他们留在斯卡斯代尔。

新的工作挑战很多，风险很大，但最终我经受住了考验并取得了成功。我个人与家庭分离，为此做出了很大的牺牲，我只能尽可能地常飞回家，与丈夫和女儿团聚。

尽管工作很辛苦，但我在博尔德的工作最终表明，这是对我未来职业生涯最为重要的一份工作。我认为，在美林银行和道富银行同时向我抛出技术主管的橄榄枝时，这份工作经历属于一锤定音式的决定性因素。通过为自己制定规划，积累合适的工作经验，获得恰当的资历认证，我抓住了各种机遇，为未来做好了准备。

计——将法则付诸行动的具体步骤

个人

作为创新者，我们需要明确未来的发展蓝图，并据此设计有战略性、有具体实施步骤的路线图，在这个过程中还要注意把握关键节点，及时体现成果。我们要预计未来变化并采取针对性措施，面对意料之外的情况，要保持足够的灵活性。“计”也适用于我们的职业规划,我们要不断努力,提前超额完成工作目标。我们要加强经验积累和资历认证，为未来职业发展、赢得新的机遇和得到进一步提升做好准备。

团队和公司

团队和公司应当目光长远，同时着眼当前。领导者要制定并传递清晰的未来规划，并以此确定团队未来的发展目标，促进公司创新发展。创造战略价值应当是第一位也是最重要的目标。

公司及其团队应当关注未来形势，预测未来变化，并制定相应的规划。在某些情况下，我们能够较为准确地预测未来形势，并相应设计针对性强的路线图。而在其他情况下，我们可以预测未来可能发生的几种情况，但却不能确定哪种情况会真正发生。此外，还有可能发生一些完全在意料之外的情况，甚至是影响全局的大事件。此时，保持充分的灵活性和柔韧性就成为公司成功的关键。

• 如 • 何 • 规 • 划 •

※ 要为明天做好规划，而不局限于眼前。

※ 要注重创造战略价值——认清公司或机构的远景目标。

※ 要从全球视角进行战略定位，充分认识各国当地需求，以此为基础制定公司的发展路线图。

※ 要做好健全的业务方案，以便进行合理决策——要充分展示财务和业务方面的收益。

※ 要通盘考虑所有创意，而不局限于当前的展业方式。

※ 决策过程中要做出明智的判断。

※ 要充分借助公司外部、全球范围内、不同行业、不同经验水平的人力资源，并与他们展开广泛合作，以加强对市场形势的认识。

※ 要准确定位，专注于核心业务，借助具有核心竞争力的战略伙伴资源。

※ 要追求卓越。追求卓越的过程是自己不断进步的过程，也是所在公司不断发展的过程。

第四章 提

提

在中国文化里，我们一般不习惯宣传或者谈论自己的成绩。人们认为这种行为是不合适的。但此前我的一位美国领导告诉我，他把我以前那些懂得如何宣传自己成绩的同事升到了更高的级别。其中有些人我还认识，他们甚至拿别人的成绩炫耀。就像这位领导所说："你知道怎么自我宣传吗？"我告诉他说，自己的传统文化不鼓励这样做。他回答道："如果想在美国工作的话，那你就得好好学学美国文化了。"我痛苦地意识到，尽管受中国传统文化和生长环境的影响很深，我仍然需要加强对美国文化的学习。这并非易事，我努力尝试更加优雅地"自我宣传"，这样让人听起来就不太像自吹自擂了。

多年来，随着工作经验的积累，我逐渐意识到，不仅需要让领导看到自己的成功，同时由于我所带领的团队从事技术性工作，我还需要确定，让领导看到自己团队的才华。我逐渐认识到准确、迅速地记录团队成就的重要性。我也逐渐发现，宣传成就的最好方式，就是让事实和数据说话。向领导汇报事实和数据并不是自吹自擂，因此以这种方式记录我们的成绩，就成了一件再自然不过的事情。我向领导提交的报告里，说明了团队的财务业绩，与行业标准相比团队的表现、团队得到的认可和奖励，等等。通过这种方式，我的团队用数据说话，具体衡量我们对公司的财务贡献度，同时通过与公司外部专业同行的对比，也能说明我们的工作业绩。

在项目的各个阶段，一个成功的创新者都可以不断提出创意和解决方案。在项目早期，创新者可以争取资金和人员支持。在项目开工后，创新者能够得到领导的支持和多方认同。随着项目日趋成熟，创新者能够得到更多的关注，并为公司带来切实的利益。随着目标一步步实现，创新者能够充分展示团队创造的成果及为公司带来的价值。

如果错过上述任何一步，创新者都要为此付出高昂的代价，但这却也正是他们经常要面对的情形。在许多公司的文化中，创新被看作是一种“臭鼬工厂”式的项目（以执行秘密研究计划为主），根本不会出现在公司的传统视野范围内。在某些情况下，这种模式可能十分有效，但却并不适用于公司的日常创新。虽然与他人隔绝进行秘密作业，经常会给团队带来一定的便利，但相应的成本也不可避免。例如，事后得到认同并加强业务整合，其难度明显要大得多。尽管许多创新者都在“私底下”进行创新，以避免与利益相关者沟通的麻烦，但其实还有更好的解决方案，我将在“连”这一章进行说明。通过本章所说的“提”，我们就会认识到，与沟通过多的情形相比，沟通不足会给我们带来更多的问题。

提

“提”的字根是“扌”，意思是“手”，在这里作为“提”的组成部分。“提”字本身的基本含义是提高、提起、带走、引起或者携带。“提”字的右边为“是”，是把古象形字的简体“日”放在“正”字上面，其中后者的意思是“正确”，二者组成的意思是“光天化日下正确的事情”。“是”也有“存在”或“正确”的意思。

“正”也是家族赋予我这一辈人名字的中间字，我的兄弟姐妹以及毛氏家族的第一代堂兄妹也都是“正”字辈。一个传统的汉族大家庭可能同时有3~4代人。为了区分叔叔和侄子，这些名字中作为辈分的字，能指导大家举止合宜。

推广的意义

成功的创新者还可以利用“提”另一方面的特点，即推广。这么说的意思是，创新者可以制定具有连续性的目标，并坚持以高标准要求自己。在实施各种创意、完成不同项目以及取得各种成就时，成功的创新者能够向外界传达自己一以贯之的战略意图，这让他们所做的工作显得更加与众不同，展示了他们是如何把碎片化的个体联成整体，并且更明确地传递了团队所创造的价值。成功的创新者能够利用推广增强团队自信。当面对风险投资者、主管或者社会公众时，推广的重要性就显现出来了。但推广的意义并不止于此。它与个人、项目或者公司的品牌都密切相关，并且相互影响。

我在企业界见过许多创造力十足的人，他们一心求变，不断创造价值，但却满足于在幕后操控。当得知自己的工作让世界从此不同的时候，他们能从中得到极大的满足，但由于自视并非未来领袖或者企业主管，他们从不宣传自己工作的重要性。在许多情况下，他们退居幕后，甚至让别人收获自己艰苦工作的劳动成果。我认为，未来的企业领袖和业界高管，需要拥有优秀的创意以及不断追求卓越的心态，因此，我经常鼓励别人，对于自己创造的价值和为企业做出的贡献，不应消极回避，而应当积极明确地进行推广和宣传。当然这并不是说，我鼓励个人把团队的工作成果攫为己有。我认为，当队员做出成绩应当表扬时，绝不应吝啬溢美之词，这对于企业长期发展至关重要，这个话题我会在本章后面的内容中再次提及。

设立创新基准的重要性

我发现，对于自己工作成果产生的影响，许多人都不会花费时间去思考、认可和宣传。这可能是因为，他们认为大人物自然会知道他们的成绩，并认可他们创造的价值。但我并不认为这种想法是正确的。我坚信，需要设立“基准”来评估创新成果带来的变化和改进，让事实和数据说话，以提高创新的商业价值。

我们根本不知道，自己什么时候会产生好的创意。当创意出现时，我们通常会像“激光聚焦”一样对其倍加关注。但随着创意变成现实，周围的环境变化是如此之大，我们也就无法提供之前的数据资料。这就像体重减少了 20 多千克，但却没有保留肥胖时候的照片一样！“提”的很大一部分内容，是关于“之前”和“之后”的对比。因此，明智的做法是设立创新的基准，这样当创意出现时，我们就能踏实、放心地前行。设立良好的创新基准还有另一方面的好处，那就是它本身可能孕育出优秀的创意。完成一项工作，往往需要花费冗长的时间、付出高额的成本或者进行大量的返工，当人们真正认识到这些问题时，往往就能得出问题的解决方案，这也是许多创意产生的根源。

要想设立创新的基准，可以参考两种指标。第一种是我们自己的操作管理指标，包括我们完成的工作量、花费的时间、遇到的问题数量、生产效率、生产周期等。另一种指标以业务为核心，对于我们所完成的工作，通过参考其对公司收入、费用、客户满意度、单位成本或者其他一些有形业务数据的影响，来完成对这类指标的考核。

宣传创意

正如我之前所说，当涉及沟通和宣传的时候，公司内部部门很少会像IT设备部那样，受到如此多的质疑。只有当技术部门的同事谈到细节，并且所谈的内容与业务决策者相关的时候，他们的目光才会投射过来。只有听到“钱”这个词的时候，这种状态才可能发生变化，决策层突然之间就全神贯注了。许多情况下，正如其他部门一样，在得到决策层关注的宝贵时间里，IT设备部的同事们利用这个来之不易的机会，大讲特讲他们创意实现需要付出的高额成本。当我们与公司决策者、风险投资者或者潜在客户进行交流沟通时，这种情况是真实存在的。而成功的创新者宣扬的是业务的价值、创意的收益、节约的成本或者实现的目标。

我经常会与供应商见面，了解他们最新发布以及即将推出的产品。有一种情况常常让我感到惊讶，我时不时地会发现某个供应商尽管其产品令人着迷而且创意十足，但在市场中他却很难对该产品给出准确的报价。当然，他们也会谈到金钱、时间或者其他的一些好处。但他却把注意力放在了产品细节上，而没有权衡这项业务总的成本和收益。例如，供应商当然会报出他们支付的业务许可及其他成本费用信息，但有时却忽视采购商需要付出的相关转换成本，而在使用这家供应商提供的产品时，采购商的这部分成本是一定会发生的。当然，即使最好的报价也不会面面俱到，但好的报价会考虑尽可能多的信息。它从决策制定者的角度出发，传达他们感兴趣的信息，清晰明确地指向决策制定者所关心的内容。这并不需要花哨的幻灯片，关于这一点，基因医药研究所的创始人尤金·陈可以作证。

> 我当时正在为自己的首家公司申请第一份专利，我的专利律师随口跟我说：“嗨，我知道一个公司投资人。”然后，他就安排我与投资人见了面，而我完全忘了做幻灯片的事！我刚在这位投资人的黄色记事本上写下自己的创意，他就立刻说：“好了，我投30万美元给你。”我想，哇，我现在该怎么反应？这简直太棒了！我猜，世上总还是有运气存在的。

我不想否认，运气可能是帮助尤金得到投资者垂青的重要因素，但我更确定的是，尤金可以清晰而令人信服地把自己的创意表达出来，正是这种能力，使他赢得了投资者的注资。

正如道富银行执行副总裁吉姆·费伦所说，

> 大公司很善于解决问题。如果出现问题，通常能够调动强大的力量去解决它。但新的创意经常会迷失或淹没在公司文化的海洋里。有时管理结构就会把创意扼杀在摇篮里；而有时只是缺乏合适的管理流程，因而无法推动创意的发展。许多创意之所以被扼杀，经常是因为人们先入为主的成见——嗨，他们去年就没有批准我的产品创意，而我当时只申请了100万美元。你需要1 000万美元？别做梦了！但这个1 000万美元的创意可能会优于100万美元的想法。此时你需要弄清楚，那个100万美元的创意到底能解决什么问题，为什么公司不支持？如果你对自己的创意信心十足，那就要大胆地提出来。

当然，理想的情况是，在创意之初就根本不需要外部资金支持。在任何资产的生命周期结束之前，总是用最新的技术取代旧技术，这就是我们一直采用的生命周期管理过程。这是资本投资的一种方式，通常在投资的同时也能降低运营费用。通过这种方式，我们可以为许多项目自筹资金。在科技资产的生命周期结束之前，我们就做好了替换准备，新资产性能更好、价格更低、更符合公司的科技蓝图。在大多数情况下，新技术并不会增加公司的运营成本。实际上，因为更具创意的方案往往更加经济有效，公司的成本通常会降低，从而使公司支出较少而获益较大。有时候业务快速增长的需求会缩小二者的差距，但从商业角度来说，二者的差别仍然一目了然。耗费同样的成本，我们可以实现更高的产能，取得更好的业绩。有些时候，我们会把结余下来的大笔预算资金返还给公司财务。还有第三种选择，就是把结余资金再投资于其他业务，但投资回收期可能会超过年度预算周期。通过资产生命周期管理实现自筹资金，这种创新方法也可以用于基础设施以外的其他部门。这向创新者以及创新管理者提出了要求，对于公司的财务基准以及创新对公司年度预算的影响，他们都要有很好的把握。

有时自筹资金并不可行。对创意的经济价值、预计投资收益率或投资回收期进行说明，也可以为创意活动得到公司资金支持和人力援助奠定最为坚实的基础。如果创新方案设计可以预测未来业绩改善的程度，那就能更好地体现出创意的价值。当然，并非所有创意改进都能够直接增加收入或降低成本。但不管是从生命周期、客户满意度、风险降低程度或者其他重要指标出发，我们都要尽可能地衡量因创新带来的未来业务价值。

即使在某些公司，专门针对实验项目拨出资金，但该项目依然要面对其他优秀创意的竞争，因此，对于创意可能取得的成果，我们描述得越具体越好。这当然并不是说，只有短期内就能见效的项目才能得到资金支持。各家公司逐渐意识到，有些创意项目的价值，只有经过一段时间才能体现出来。但是对于能够在短期内带来实实在在好处的项目来说，它们被拒绝的概率会小很多，尤其是当这些项目的长远前景也被人看好时更是如此。如果可能，我们在提出申请时，就应当尽可能早地把创意项目的价值体现出来。尽管有些项目能够较早地体现出自身价值，而有些则不然，实际上对二者来说，它们的长期潜力都很难或者根本无法准确预测。这就是创新的本质！因此，创新者总是处在这样的环境中，他们需要选取最好的方式来宣传创意的潜在价值。

尤金·陈作为医药界的创新者，在经营过程中也多次遇到各种困难，对此他通过以下故事提出了一些好的建议。

你真的应该好好想一想，对于人们从来没有见过的东西，怎样才能把它们推销出去。当购买一个诊疗设备的时候，每个人都很清楚，这样做就是为了测量自己关心的健康指标。但如果一个仪器可以测量10项内容并给出10项指标，同时提供一份分析报告或者预测一个人的健康状况，那这件仪器就完全是另外一样东西了。因此，我让一些商学院学生帮我完成一个小项目，看看这款仪器提供的20余项测试，人们喜欢从哪一项测起。也许病人正在治疗一种疾病，而我们能够为其提供有价值的测量结果。在这种情况下，我们就不需要对客户进行一整套的培训，告诉他们说："嗨，这是一款全新的设备，它的工作机理完全不同。"我认为，只要客户开始使用这些设备，就能立即发现它的新特点。

因为投资伙伴的缘故，我认为我们也能为获取信息提供帮助。在2015年，我们公司的技术设备将应用于美国国家航空航天局空间站（NASA Space Station）以及美国国立卫生研究院（National Institute of Health）。他们对我们的项目给予了大力支持，未来这种支持的力度将会进一步增强。如果你看过星际迷航（*Star Trek*），那你一定知道三录仪（Tricorder），国家航空航天局的那帮人毫无疑问是首批用上这些设备的。

宣传推广并没有固定的范式，它只是基于特定决策者、公司文化、风险偏好以及其他许多因素的一种主观判断。没有必要回避，你只需要好好想一想，自己的提议会带来什么影响。如果以前并非如此的话，那如今我很少任用保守的下属。在这方面，我更为现实。对于自己不可能做到的事，我不喜欢给出承诺。

这就是我为什么要努力工作，采纳优秀的创意，想方设法地将其价值尽早展现出来，同时做好准备，为其价值的长远发挥奠定基础。当不知道自己能做到什么程度的时候，我的第一个建议是用很小的项目去学习或先行验证。这可以使团队得到所需的资源进行研究和试验，以便对于创意能在何时创造多大的价值有更加准确的判断。

有些公司制定了程序化的流程，把有限的启动资金指定用于有发展前途的创意项目。这可以让创意团队通过研究和试验测试创意的潜力，更准确地评估创意的价值。经过这种方式验证的创意，随着其成本、收益以及价值越发清晰，将会得到另外一套资助体系的支持。

不幸的是，与传统项目管理相比，有些公司的创意项目管理流程并没有什么区别。这就会产生一系列问题，因为项目管理的一般作用是衡量现有项目的预计进展，而不是对每个阶段的项目进展进行重新评估。

很显然，公司创新者需要发挥“群众的智慧”来确保已有的项目或者不良项目并不会减缓或者阻碍公司的发展。此时，充分理解当前的项目进展和未来发展情况，并预测可能产生的问题以及障碍，这两点的重要性就凸显出来。只有这样，我们才能在事前积极主动地解决问题、清除障碍，而不是等到事后被动地采取防御措施。

制订宣传计划

一旦创意立项之后，就应当制订相应的营销和沟通计划。通常该计划应当确定以下几个重要的因素：

- 受众——我们要选择与谁进行沟通？
- 时机——我们应选择何时进行沟通？
- 内容——我们要选择什么内容进行沟通？

- 方法——我们应选择什么方法沟通？
- 方式——我们应采取什么样的态度沟通才有效？

在上述每一项决策过程中，要重视移动计算机处理技术、解析学和社交媒体等因素的重要作用。利用社交媒体和相关技术，我们可以增强公众意识，吸引大众关注并提高社会参与度。过去，营销在很大程度上属于单方面的宣传活动，信息往往通过传统渠道被“推送”出去。社交媒体带来了革命性的变化，为公众对话带来了广阔的空间。利用数据分析和地理定位，直接的信息定位成为现实。这既给我们带来了机遇，也向我们提出了挑战，在品牌推广方面更是如此。

蔡明昊曾经进行过社交媒体方面的有趣尝试，并体验了它的巨大威力。他跟我讲了以下故事。

> 我想开一家名为蓝龙（Blue Dragon）的新餐厅，计划2月在波士顿开业。这对我本人、下属员工和公司来说，都是一件大事。但坦率地讲，我很早就因为新餐厅的事承受了过多压力。本来12月底之前，我不想公开这件事情，但周围的人都看着并开始琢磨起来，同时发现我已经取得了酒水供应许可。人们于是开始在网上发布并传播起来。结果，开业之前的气氛已经烘托得十分热烈，但实际上距离真正开业还有两个半月的时间。我不认为公众会把我们遗忘，但一旦放出话来，你就应当好好利用。我们想保持这个话题的热度，因此就借助社交媒体，持续吸引公众的注意力。搞笑的是，大家一看到我提及蓝龙餐厅，他们就会说：“是的，我们又要回到蓝姜餐厅啦！”你看，社交媒体的确发挥了作用，而这显然是一件好事。

制订宣传计划的时候，我们要认真考虑沟通的各类受众和利益相关者。糟糕的沟通会让人们产生抵制情绪或负面压力，这会阻碍公司的成功。我们告诉别人自己的方案了吗？我们是否要为之投入资源？我们是如何解决问题并回应别人关注的？如何才能采取不同的或更好的方式？对于这些问题的不同回答及思考，往往是激发受众热情和招致受众抵触的差别所在。因为热情和抵触情绪的传播速度都很快，如果能更好地加以管理，我们就会取得更大的成功。公开、包容以及积极响应的沟通，可以有效化解抵触情绪，赢得受众的支持。

当约翰·斯文森就任冠群电脑首席执行官的时候，这家公司正陷入困境。到约翰离开冠群电脑的时候，这家公司不仅已经完全恢复元气，还取得了市场领先地位。当我问约翰是如何带领公司实现这种转变的时候，他一如既往地谦逊了几句，同时坚定地指出，高效的沟通在这个过程中扮演了重要角色。

> 公司文化的坍塌速度很快，但却要花很长时间才能重新建立起来，尤其是在其损坏之后。我们所做的，就是在公司管理团队和管理流程中，让人们重新树立信心。这并非惊天动地的大事，而是体现在一系列琐碎的细节上。我们一遍又一遍地向员工传递公司未来的发展蓝图，在我任职的5年间一直如此。我们进行了大量的沟通，召开了多次市场会议，举行网络直播的季度会议，创建博客和电子通信系统，我们做了大量琐碎的工作。其中最主要的，是我们一直告诉大家公司未来将做些什么。对于进展之中的项目，我们定期进行信息反馈并提供进度报告。最终人们发现，在大多数情况下，我们宣称将要发生的事情，最终都切实实现了，他们由此恢复了对公司的信心。

正如约翰所说，在公司转型或项目运作过程中，进行方案沟通和结果反馈是成功的关键要素。考虑到许多公司的业务规模和复杂程度，即使是最优秀的成果都有可能不被人们察觉。所以作为一名创新者，我们不能主观地认为，人们会形成自发的认识并理解我们的行为。我们要把各个支离破碎的点连成线。当希望他人看到我们工作的价值时，我们要把工作成果尽可能简单地展示出来。

在这个过程中，我们不应该从自己的视角出发，向目标受众传达解决方案能够为他们带来的价值；相反，我们应该从目标受众的视角出发，讲解解决方案是如何适合他们。在沟通之前，要能准确聆听目标受众的需求，正确理解目标受众呼声，这些都是迎合目标受众的重要内容。这样做的困难程度要超过大多数人的想象。实际上，现实中很少有人会这样做。

要想传递清晰、明确的信息，全面反映不同利益相关者的诉求，需要我们精心规划、专心致志和认真实施。约翰·汤普森向我讲述了他去日本出差期间遇到的“不可思议的经历”。

> 因为与美国电报电话公司（AT&T）宣布合作这一利好消息的影响，赛门铁克公司的股票大涨10%，我们正在谈论这件事，但我对赛门铁克公司和美国电报电话公司的合作一无所知。因此我拿起电话打给公司公共关系主管，问他当天公司与美国电报电话公司到底宣布了哪些合作内容。他回答说：“噢，我不知道，我们需要确认一下。”我说：“作为公司的公共关系主管，你怎么会不知道发生了些什么呢？”好吧，从这件事上可以看出，公司要进行的沟通是无处不在的，如果在欧洲，你将选择这样一种沟通方式；而如果在美国，你会选择另外一种沟通方式；如果在一个业务部门，你会采取这种沟通方式；而如果在现场团队，你可能会采取另外一种沟通方式。因此，我们聘用了一位我在IBM的同事，他是一位非常优秀的沟通领袖，并授权他负责公司的全部沟通事宜。不管是内部还是外部沟通，也不管是面对客户、媒体还是投资者，他全权负责公司的所有应对事宜，所有沟通事宜都要经过他的安排。直到他入职之后，我们才开始宣传这样的概念，即赛门铁克公司实际上已经是网络安全领域的全球领导者了。而随后发生的，就基本是历史记载的故事了。

约翰这个故事所说明的道理，不管我们在与内部同事交流，还是与外部媒介沟通时，都是适用的。

对于一个创新者来说，制订并推行经过深思熟虑的沟通方案，能够加快业务进展，简化创新流程，还可以提前预测并避免出现误解，吸引客户的注意力并激发他们的热情。但我们应当牢记，即使最好的沟通方案也不能代替策略的其他组成部分，激情四射而又精心阐释的价值声明是无可取代的，这一点十分重要。

利用行业奖励和业界认可

业界认可能够提高公司的品牌和竞争优势，同时也让公司员工受到激励。在道富银行时，我们的数据存储小组开发了一种新的技术，可以将公司大量的邮件资料进行合并和虚拟处理，凭着这项技术我们参加了一项行业数据存储大赛，并得到通知说，我们已经进入最后的决赛。我们派总工程师和数据存储小组的经理参加了颁奖典礼。总工程师和其他进入决赛的选手一起上台，等待宣布冠军的时刻——我们赢得了冠军！这名总工程师代表道富银行团队领奖，为此感到激动万分。在回来的路上，他给我发消息说："当我站在台上的时候，那感觉真是好极了，我已经为下一项数据存储大奖而憋足了劲儿。"当时，我就意识到，得到外界的认可，不仅对公司来说是一件好事，对我们团队来说也是一种巨大的激励。团队成员骄傲地说："我也是其中的一分子。"这让团队每个人都感到鼓舞，并提高了创新的价值。

我想说，专业的营销人员需要掌握营销和沟通技巧，但他们并不是有这种需求的唯一群体。每一位参与创新的人员，都需要寻找机会来推销自己，通过不断尝试来赢得支持，并激发他人的兴趣。而一旦创意被成功实施，对于这项创新带来的价值，行业的奖励就是额外的佐证。这些奖励是我们的表现优于同行的标志，也是在公司内外对我们成绩最好的宣传和鼓励。

几年前，我们小组成为一项在英国颁布的大奖最终入围的十位候选人之一。这可是一件大事，公司的欧洲区域经理和我一起制订计划，准备参加正式的颁奖晚宴和庆典。我还邀请了自己的上任主管乔·安东内利（Joe Antonellis），他当时住在伦敦，已经是道富银行欧洲、非洲和亚太地区的业务主管，也是公司副总裁。根据他的提议，我邀请了公司英国办公室的所有高级业务主管一起参加这项典礼。颁奖晚宴十分精彩。这项活动为我们提供了一个机会，使我们更好地认识了公司的业务主管们。与他们及其家人共同度过庆功晚宴的经历，使我们可以更好地沟通并建立起联系。晚宴过后，英国办公室的业务主管们对我们小组被提名的方案很感兴趣，并很快认识到，这个方案可能会给道富银行欧洲区创造价值并带来便利。我们是最终 3 名优胜者之一，道富银行的名字闪耀在颁奖舞台上。这次晚宴给我们提供了一次前所未有的机会，使我们可以在与会者及更多人中树立品牌，并向英国道富银行的高管们传递我们的价值。

宣传——不要吹嘘

希望我在前面已经讲得足够清楚，所有有所追求的创新者，为了清晰地把自己的创意表达出来，都要加强学习，只有这样才能推动创新的发展。这不应与吹嘘混为一谈，不要“自吹自擂”，这是我前任领导的说法。我们在推广宣传的时候，应当采取符合公司文化的方式，不应冒犯同事，宣传的内容应当是可以证实的。我们应当本着务实的态度让同事和主管认识到，创新能为公司创造价值。我们要加强学习，整合自己的工作成果，使之符合相关标准和公司的战略规划，并在时机恰当的时候在公司内外部进行沟通宣传。

宣传的时机

尽管宣传推广十分重要，但无休止的宣传可能会带来适得其反的效果，我们应仔细选择宣传的时机。我们的目标是，要让受众知道并理解创意的价值，这些价值与他们密切相关。宣传价值和建立信任至关重要，但同时也需要向受众说明，我们并没有浪费他们的时间，或者占据他们的注意力，更没有告诉他们已知的信息，并且我们真正了解他们的需要。

对于一个极其高效的宣传人员来说，与高管、员工、同事以及客户的每次接触，都是宣传的绝佳机会，他们不会放过每一个机会，并且宣传应简短、有趣。

他们不会放过每一个机会，例如，在道富银行，当从我身边走过，或者在电梯或停车场见到我时，出于礼貌，大多数高管一般会说："嗨，你怎么样？"我并不会简单地回答："挺好的，谢谢！"我会抓住这个机会，告诉他们说，我们刚获得一项奖励，是行业或公司最近刚授予的。在大多数情况下，他们都会热情地回应，询问这个奖项以及我们为赢得这个奖项所做的工作。

高管在宣传过程中起着核心作用。他们的公开支持会使情况大为不同。这些支持不仅是对已经完成的工作的赞扬，还能激励他人取得成功。让我们看一看汤姆·门多萨每天是怎么做的。

我希望营造一种积极向上的团队氛围，因此当我在 1995 年加入 NetAPP 公司之后，立即着手做的事情之一，就是找到会正确做事的人。我此前所处的多种工作环境，人们总是习惯挑错，当然不是挑自己团队的错，而是挑别的团队的错。我希望建立一种"感谢你"的团队氛围，因为人们很少说"谢谢你”。我认为，如果人们感觉自己得到尊重和赏识，那他们就会愿意为你做许多事，而这是构建引领创新的团队文化的一部分。

因此，当我看到有人做正确的事情，或者公司有人看到某个人做的事情与众不同，不管是帮助客户或者协助同事，抑或是回报社会，然后发邮件通知我，我都会进行电话访问。我把这些电话记录在案。每天 10 个电话，每周 7 天，坚持不懈。当我刚去 NetAPP 公司任职时，最初找到了 32 个人，如今总人数已经超过 14 000 人，但仍然有员工不时地听到，我给他们认识的人打电话。他们总是会问：“他为什么给你打电话？”

成功的经历是展示价值的一种绝佳方式，创新者应当营造良好的氛围并把这些经历推广开来。达坎·马纳讲过他多年之前的一段经历，他当时正在进行自己伟大而充满激情的首次尝试，也就是把互联网引入世界的各个偏远角落。

我们写过一个案例研究，具体内容是关于我们如何把网络引入新兴农村市场的，案例中我们展示了孩子们第一次看见和使用网络时候的照片。团队致力于协助客户取得成功，而我们则希望共享这些伟大的成就。我们写的故事很受欢迎，各类媒体蜂拥而至，最后新闻媒介和电台进行了多达 121 次报道，两个月内我们 4 次登上《纽约时报》（*New York Times*）的封面。这简直不可思议！

达坎的成就可以绘制一幅波澜壮阔的画卷。他能够有效地沟通，有关他的事迹在全球范围内广泛传播。即使自己的所作所为并不伟大，也不能改变世界，我们仍然需要有效地宣传自己，而且我认为许多人可以改变世界。下面是宣传效果的 3 个层次，我们可以据此估测自己所处的水平。

提——有效性水平

◆第一层次：无法清晰表述

在第一层次，我们对清晰地表述创意价值和品牌知之甚少，或并不关注。相反，我们的表述无法令人信服，不能获得必要的赞助和支持。对于创意未来和当前的价值，我们也无法赢得适当的认同。

◆第二层次：得到理解

在第二层次，我们能够清晰地表达创意价值，并获得赞助和支持。通过常规而可靠的渠道，我们能够引发社会关注，争取受众了解并激发他人兴趣。在沟通过程中，我们能够认真思考，仔细权衡。

◆第三层次：激发热情

在第三层次，我们已经成为宣传的行家里手，可以制造公众话题，并通过吸引注意力赢得他人支持。我们从不会主观假定信息已经公开或人们已经知晓。我们能够利用每次机会来影响他人，并激发兴趣和热情（如电梯游说、奖励等）。我们能够成为行业标杆，使自己的品牌、战略价值和业绩表现脱颖而出。

推动道富银行的环境可持续性发展和绿色环保项目

2001 年道富银行管理层决定，要建设一个巨大的全球企业数据中心。当时从全球范围来看，大多数公司的文化还没有将环境可持续性发展行为包含在内。但我相信，保护自然资源与维持公司利润是同等重要的，长期以来，我一直致力于节约使用电力和水资源。

这可能与我的经历有关，我成长于20世纪中期的中国，当时中国内地电力资源十分昂贵。随着年龄渐长，我和同龄人都养成了节约的习惯，因为物资短缺，因此我们不想浪费这么宝贵的资源。当时中国香港也总是出现用水短缺，午饭前城市用水经常中断，直到下午晚些时候，晚饭前才会重新供应。因此，每家每户都要常备一个水箱，用来接水以备急用。

许多年之后，在美国，我所领导的工程师和技术专家团队在设计数据中心的时候，秉持的是同样的优化和高效理念。实际上，在规划我们的技术设备蓝图时，我们已经形成了提高资源利用效率和节俭环保的理念以及正式的规范和标准，在技术环境可持续性方案实施、公司的效能计划以及全球数据中心基础设施的设计中，该标准得到了充分运用。通过这些可持续性发展的创新努力和绿色环保行动，道富银行曾经荣获12项IT行业的环保奖项。所有的奖项都是对我们创新努力的肯定，也是我们工作成果的体现，是业界对我们最大程度的认可，也是我们工作对社会产生积极影响的明证。通过在这方面的艰苦努力，我们团队收获颇多，道富银行的全体员工都为公司感到骄傲，公司的客户也高兴地看到，道富银行在促进环境可持续性发展这个问题上是严肃认真的。

启动正式的增效节能项目，其目的是减少公司运营费用，降低每项技术设备的成本，压缩公司的资源消耗。这个项目取得了巨大成功，道富银行的业务增长在此后数年都因此获益。

该项目聚焦于以下3个方面：

- 企业文化和交流沟通。
- 运营方法和科学技术。
- 资源消耗控制。

企业文化和交流沟通

起初，我们搭建了结构化的管理体系，使增效节能项目可以在公司整体推行开来。制定了恰当的项目目标后，我们组建了执行委员会，把设备技术服务部门的高级主管都纳入进来。随后,我们任命了一位项目主管并组成了工作小组，小组成员由各业务部门的工程师和主管工程师构成。这些工程师帮助我们绘制、设计和记录整体方案蓝图，并逐步把具体的方案细节展现出来。小组还负责确定关键的数据指标，用于衡量和监测方案进程，并通过管理展示板把这些指标展示给大家。

我们还举行定期的营销会议和功能会议，对项目进度和个人的工作成果进行交流沟通，并且设计了一个网站，用以公布项目信息，宣传工作成果。

通过明确而充满激情的宣传来做好项目推广，这是项目成功的一个重要因素；而通过将我们的成绩与同业对手进行对比来鼓舞士气，则是项目成功的另一个重要因素。我们不断努力，在全球赢得各种奖项和认可。我们共同营造了一种时不我待、勇于求变的公司文化，并得到了整个公司的积极反应。

运营方法和科学技术

在项目推广过程中，我们努力运用各种技术程序来加速推动公司的绿色节能方案。公司的零排放、高产出方案，减少了需要建设和维护的新数据中心数量；在每项设备构成中运用可视化技术，减少了物理硬件和数据中心的数量。通过这些措施我想表达的是，公司将服务器、存储设备、中间件等技术基础设施进行组合管理，并将其置于同一运营环境，这反过来又提高了资产利用率，并最终缩减了数据中心的空间占用，降低了水、电等运行成本和后勤人员成本。虚拟可视化技术实际上是我们绿色节能方案能够成功运作的一个主要因素。

我们甚至会利用冬天寒冷的空气来为数据中心的设备降温，而不是使用空调设备。将热气排出的过程，也就是数据中心降温的过程，这大幅降低了电能的消耗。

资源消耗控制

只要有合适的公司文化和正确的态度，许多资源消耗控制措施的成本并不高，操作也很简单（但像数据存储成本等方面，控制难度较大。）最开始，我们集中进行能源管理，确保所有的房间都安装自动感应开关。随后我们引入了一种新的技术，在系统需要升级、出现安全问题或者电脑无人使用时，我们可以利用这种技术启动或关闭台式电脑设备，通过这种方式节约电能。我们也注意采购对电压要求较低的硬件设备，支持“居家办公计划”，率先推广混合动力汽车，用平面显示器替换了所有旧的显示器，并循环使用旧的技术设备和媒体系统。我们也采取视频会议的方式，减少面对面会晤所需的差旅成本，降低公司的碳排放量。我们对于各业务部门每月使用的 IT 设备资源，会向他们提供详尽有效的信息，并根据使用情况进行费用结算。这可以让业务经理深刻地认识到，他们的 IT 设备成本到底是如何构成的。一旦认识到这些情况，他们就会把能耗控制措施落到实处，把不必要的设备使用降到最低。

如今我们可以看到，人们对绿色节能方案日益重视，但在此之前，我们公司的大多数环境可持续性发展措施都已经完成。作为这方面的先行者，我认为道富银行从中获得的收益值得一提，它成为一家人们希望加入的理想公司。我们招录的许多新员工都很激动，因为他们为之工作的这家公司，十分重视环境可持续性发展问题，并在这方面取得了很大成就。公司每个员工都能参与进来，减少公司发展对环境的影响，而在推动这种思潮的过程中，我们的宣传推广起到了很大作用，我们为此而感到骄傲！

提——将法则付诸行动的具体步骤

个人

为宣传我们自己和我们的工作成果，我们要学会“自我宣传”，但要注意方式、方法，不要被误认为是自吹自擂。宣传最好的方式是通过指标对比。事实上，在创新的时候，我们就应当设定基准，把我们新的改进成果与旧的指标进行对比，通过前后的图示对比，我们就可以展示自己的创新举措是如何做出改进的。

我们应以创造商业价值为核心，不断宣传自己的各种创意和工作成果。我们的创意能够带来什么影响？能够节约多少成本？能够实现什么成果？回答这些问题的过程，也就是我们自我展示的过程，同时也能赢得听众的注意，听众可能包括公司的决策制定者、风险投资者或潜在客户。一旦创意形成项目，我们就应当制订营销和宣传方案，为该项目争取支持。

团队和公司

与个人类似，团队和公司也要以衡量指标和业务价值为对照，不断提高工作水平。在项目生命周期中，团队可以制定相关政策，为各种创意和解决方案提供成长空间。首先我们要努力争取资金和人手，随后要寻求支持和投入，然后是吸引注意力和激发受众兴趣。最终，当理想变成现实的时候，我们应加强推广，展示自己工作的价值和收益。在这个过程中，我们要思虑长远，同时努力尽早地展示短期收益并加强成果宣传。

公司可以制定规范的流程，对前景看好的创意进行定额资助，允许团队通过小规模的研究试验对各种可能性进行测试。随着实际成本和潜在收益愈发清晰，得到验证的创意可以进入下一步资助范围。

公司应鼓励团队积极参加行业评奖和争取行业认可。这两者是彰显公司创意成果的良好方法，同时能够鼓励团队和个人取得更大成就。

• 如 • 何 • 宣 • 传 •

※ 要充满激情，活力十足。激情会感染受众。

※ 要把每时每刻都视为宣传的良机。

※ 要注意宣传的细节——原因、方式、受众、时机、地点和内容。

※ 要据实宣传。参照行业标准，列出得到的认可和奖励。

※ 要时刻做好进行 3 分钟电梯演讲的准备，内容要简单明了。

※ 要广泛宣传。不要主观认为受众已经知道这些信息。

※ 要本着为客户带来价值和收益的目的进行品牌宣传，确保客户了解其未来价值。

※ 要注意从客户和使用者的利益出发介绍产品的价值，而不应仅仅描述产品的功能、特色。

※ 每个人都要学会宣传的技巧。

第五章 連

连

“连”这一法则的内涵有两个：一是我们工作与生活中发生的各种关系以及人际交流；二是与公司业务在更大范围内的发展相关联，包括愿景、战略、流程、市场趋势等，还包括随着我们创新之路的不断拓展，行业之间、各创新法则之间的相互联系。

我们一出生，父母就会伸出手把我们抱在怀里，因此人与人之间的相互关联是我们出生之后最先经历的事情之一。在孩童时期，通过这些早期交流，我们与父母建立起了联系。这种联系及随之而来的父母养育之恩，是我们智力和身体成长的主要来源。随着我们长大成人，我们的联系范围也在不断拓展，包括与孩子、朋友、亲戚以及其他周围人们的联系等。毫无疑问，从出生之初，我们就具备与他人联系所必需的直觉和基本技巧。同时，在某种程度上，随着学会如何与他人联系，我们也在不断学习如何对待他人，而这其实也是我们自己希望得到对待的方式。

在工作过程中，就像在个人生活中一样，各种关系和联系十分重要。与内外部的各种联系是我们个人成功的关键，也是团队、公司整体成功的重要因素。

约翰·斯文森是戴尔软件公司的总裁，他对此深表赞同。

> 许多创新之作并非由一个人完成。尽管有一些例外，但大多数创新都是集体智慧的结晶，是由许多人合力完成的。当然也有像史蒂夫·乔布斯这种设计天才，对于苹果产品应当如何定位包装有个人的深刻见解，但要将史蒂夫的构想变成现实，仍然需要许多人的共同努力。

联系的重要性显而易见。人们更愿意与自己熟悉和信任的人进行交易。全球化已成为时代潮流，当前合作的收益比以往都更为显著，这使得联系的重要性愈发凸显。通过联系交流，我们可以借鉴他人的优秀创意和经验成果，由此使自己的创意更加突出。而他人利用我们的创意也能达到相同的效果。

通过加强与客户、合作伙伴、供应商、专家、教授、朋友、熟人、公司内部团队以及个人等的联系，我们可以推动创意更进一步。我们可以相互辩驳、互相学习，这样做的结果就是，在遇到问题时，大多数情况下我们都能拿出双赢的解决方案。每一方都会从中获益，通过合作实现共赢。

連

“連”字由两部分构成，右边是“車”，代表运输，意思是货车或汽车；左下边是指“船”。因此本字在汉语中意味着速度，要尽一切可能与他人联系，与外部沟通，并将二者迅速连接在一起。

本字还意味着“追逐”或“合适”，意思是“同心同意”，作为现代汉语词汇，它的字面意思是“相同的观点，相同的意图”。人们先是建立联系，随后才开始按照相同的方式看待事物，或表达出相同的意图。这种情况并不总是会立即发生，这时就需要领导者的介入。有效的领导能够让大家联系起来（在较高层次上），同时也能把许多人联系在一起（在更广范围上），这同时也能拓宽个人的视野。

“連接”和“連結”这两个词都是对联系内涵的拓展，我们用“感同身受”，或者说有共同的纽带表示两个人产生共鸣。对公司来说，如果两人或多人节奏合拍，那就意味着他们在其他许多敏感问题上也有着类似的看法，如在公司战略、客户需求或行业整体发展方面拥有一致看法。

田莉·奥尔布赖特医生是麻省理工学院合作项目的主管，作为创新领域的标志性人物，她深谙沟通之道，与不同行业、机构、组织、职业、年龄、国家的人们保持联系，共同解决问题。当最开始实施麻省理工学院合作项目的第五模块时，她邀请了70多人进行集体讨论，这些人来自各行各业，包括军队系统（陆军，海军，空军，海军陆战队）、金融服务机构、高科技公司、日用消费品行业、制造业、医疗行业、大学、企业、出版社等。经验告诉她，不同背景的人参会，能从全新的视角看待问题，并提出许多更为新颖、更具创意的解决方案。当还在学校学习的时候，田莉就早早地认识到了这一点。

我在哈佛医学院读书的时候，就一直很担心，因为要知晓世界发生的一切是很困难的一件事。世界每时每刻都有精彩的故事上演，但我发现，隔壁实验室或者相邻一栋楼的同事，对彼此所做的工作都一无所知。这让我意识到，要在加强联系方面做些事情。人们各自做了大量优秀的研究工作，但却没有整合到一起。我想如果能联系起来，那对大家来说都是一件好事。我知道，如果加强合作，那他们各自的努力就能取得更大的成就。基于以上认识，我认为，如果能把不同背景的人召集在一起——他们通常没有交集，但都属于各自领域的顶尖人才，那就可能取得进步或打破僵局。尽管我们在各领域都需要专家，但在很多情况下，他们都因为各种困境不得不停止了前进的步伐。他们也许无法在现有基础上更进一步，需要不同领域的创意来激发？对我来说，这有点像一棵树。如果你只知道浇水，那它即使成长也有限。然而，如果你能够提供其他养分，就像汲取各行各业的创意一样，那它的成长可能会超过所有人的想象。

田莉明白，我们需要联系的对象包括各类人群、各家机构和企业，这应当是一长串名单。我们应当与共事的人保持联系：直接主管、同事、经理。我们要与公司的其他工作小组保持联系，这样才能知道他们正在从事的业务活动。我们要与业务伙伴和供应商保持紧密联系，这样才能在第一时间得到他们的最新报价，他们也才能第一时间了解我们的最新需求。我们还要与竞争对手保持接触，这样才能随时洞察他们的最新动向，同时也能对比评价自己的业绩表现。需要联系的对象名单可以继续列出很长的一串。

正如我之前所说，人们更愿意与自己熟悉和信任的人进行交易。对于与自己保持良好关系、互相信任的人，我们更愿意放低身段。在“聽”那一章我曾经提到，我与道富银行最大的供应商之一的首席执行官共同合作，大幅改善了双方合作协议中的不利条款。当出现紧急情况时我与供应商共渡难关，类似的故事还有很多，我甚至可以写满整整一本书！当我们能真正公平、真诚地对待供应商时，他们就能真正成为公司的战略合作伙伴。正如戴尔维斯（Dell Wyse）软件公司的达坎·马纳在下面的例子中所说，在适当的情况下，供应商甚至可以成为我们的“圣诞老人”。

母亲总是告诉我，“要热爱生活，尊重他人。”我的姐妹和我秉持着这种理念长大。我愿意给每个人尝试的机会，虽然有时可能会受伤。但若非如此，生活的意义何在呢？我也知道，在与他人联系时要保持谨慎，但这并不妨碍为他人提供一个机会。我是否曾经被人伤害，曾经失望过？是的，当然如此。但相比令我失望的人来说，有更多人因为我提供的机会而大放异彩。

在工作中这种态度可行吗？让我告诉你吧。我今天去见客户——他是一位非常了不起而又魅力十足的人。但他的公司出现了很多问题，营业收入一路下滑，刚刚解雇了11 000名员工。我知道他们资金短缺，但与此同时我也知道，如果他们想继续存活下去，就需要改变现有的技术水平。因此我跟这位客户说道：“我可以免费提供你们所需的产品。坚持使用这些产品并不断升级，当你们有钱了，公司预算稳定了，到时你就要向我付款。我会一直在这里——不会放弃，所以你也不要放弃。”

我们做得很棒——客户公司的利润飙升。因此我说：“我会与你共享这份成绩。”我的客户说：“你这样做，真的让我感动。你就像圣诞老人一样！以后不要再离开了，我们将一直与你合作。”这就是信任的力量。

并非所有人都这么幸运，能有像圣诞老人这样的供应商，但我们所有人都能建立起互相支持的协作关系。当然，要建立起最好的关系需要花费时间，因为双方要有良好的互动记录，有共同的合作经历，还要有相互信任的关系。

有一些联系是从最初平常的业务关系发展成持久联系的，在每次交往中，双方的互信程度日渐增长，这种关系更值得我们珍惜。人们经常说，我们生活在一个相互联系远超以往的世界里，但在社交网上有500多个朋友，和知道自己可以信任某一个人，与他曾经有过一段愉快的合作经历，这两种情况是不一样的。尽管时间流逝，天各一方，但这种联系反而历久弥坚，我想没有什么比这样更让人高兴的了。正如我们所知道的，我们的商业伙伴可能在地球的另外一端。在此前从未听过的乡镇或城市，可能就有我们的潜在客户，正需要我们的帮助学习拼写呢！

汤姆·门多萨举了一个很好的例子，充分说明了客户关系的重要性，在这个与服务相关的例子里，坚实、互信的客户关系不仅使业务关系保持稳定，还使这种关系经受住了考验。

> 就一款产品而言，它不可能处处都领先市场。但如果一家公司是你的客户，这家公司对你信任有加，因为当他们出现问题时，你总能及时赶到并解决问题，他们知道你会保持合作，那么当另外的人来向他们推销更好的产品时，他们并不是总能达成交易，因为你的客户会想："是的，我听过你的名字，但我不了解你。当我出现问题时，我不知道你能不能解决，但我认为他们可以。"因此，努力赢得、保持和避免失去客户的信任，这一点十分重要，需要公司倾注全部的心力。

现在，有一点似乎显而易见，我在上一章中所提到的"提"这一法则应当实施了，而且"连"这一法则可以增强"提"的效果。对创新者来说，每一项重大业务的成功，都依赖于各种联系，包括与公司内部股东、团队的联系，也包括与外部客户、供应商以及业务伙伴的联系。这些联系可以激发个人和团队主动提供支持，激励他们互相比照，在下一次业务中取得更好的成绩。我们也要借鉴彼此的经验，开阔视野，解放思想，正确看待自己已有的知识和经验之间的关联。在接受《连线》(*Wired*)杂志采访时，史蒂夫·乔布斯如是说，

> 创新实际上就是把事物联系起来。面对创意十足的人士，当你问及创新是如何实现的时候，他们常常感到有点羞愧，因为他们并没有真正改造什么东西，而只是看到了一些东西。经过一段时间之后，他们能够轻易地有所发现。这是因为，他们能把自己的已有经验串联起来，并组合成新的东西。不幸的是，这种天赋实属罕见。我们行业中的许多人，他们的经历较为单一。因此，他们并没有很多的创意可以串联，最终他们只能提出很直接的解决

方案，而无法以更宽广的视野看待问题。一个人对经验的理解越宽广，就越能实现更好的创意设计。

这一结论不仅适用于创意团队和公司，也适用于创新型的个人。仅仅关注自己所处的领域无论如何都是不对的，这显然对创新也没什么好处。我们的联系越多，联系越广泛，所提出的思路和解决方案就越具有前瞻性。

黛博拉·安科纳是麻省理工学院领导力中心的主管，作为管理学教授，她描述了X团队的概念，这里“X”是外部的意思。

如果你浏览关于如何才能打造一支优秀的团队的书籍，大多数答案可能会告诉你要有清晰的目标、明确的角色、承诺、队员相互信任、沟通顺畅、流程高效等。这些当然都很重要。但这些因素也可能造成封闭，并展现出一种傲慢的团队姿态。

不能仅在团队内部沟通，你应该建立更为广泛的联系，包括团队之外、团队之间、公司内部、公司外部等，联系对象也要涵盖合作伙伴、股东以及供应链的相关人员。你需要有具备沟通能力的员工，也就是有能够走出公司面对顾客，与核心客户、市场以及与比自己的市场表现优异的组织进行沟通的人员。

要具备“走出去”的能力，超越局限，积极参与外部交流并进行有效沟通，这些都很重要。所有这些都需要公司具备开放的体制和积极外向型的团队。

在公司进行规划，求变创新的过程中，或者说是在我们正在规划但尚未实现远景目标的时候，我们的全球团队和战略伙伴为我们提供了大量帮助和发表了深刻见解。他们能够协助我们进行更全面的分析，并共享他们的类似经验和教训。在道富银行工作时，我一直与外界保持广泛联系，这对于我们解决问题、提高服务质量和降低成本都大有裨益。通过这种方法，我们也能在不同的公司之间建立起更高层次的信任关系。这让我们的合作水平进一步提高。我们把战略伙伴视为公司的编外员工，通过这种方式，我们有效推动了公司各团队成员之间的合作，每个人都更加努力，因为如今大家已经拥有共同的奋斗目标。

黛博拉继续说，

> 在加强供应链管理、提高企业竞争优势方面，公司有许多潜力可挖。如果不真正了解供应链，不知道到底是谁在从事哪些供应链工作，并认识到每个工作环节的价值，那你就很难做好供应链管理。因此，要保持积极外向的态度，加强外部沟通，这种思路促使管理层从自己舒适的传统领域走出来。例如，好市多公司（Costco）的顶级首席执行官离职，去美国中部的乡村工作。为什么？因为如今这些人对农业可持续经营很感兴趣，关注食品安全供应问题。如果这些农场全都破产，那蔬菜、水果供应就会出现问题。与此类似，库克（Coke）正在与世界自然基金会（World Wildlife Foundation）进行合作，应对水资源危机。如今的企业正在构建与以往全然不同的合作关系，对供应链上的各类利益相关者也有着更为宽广的视角，它们的合作对象也常常用差异化的视角来看待世界。

还有一种很有意思的方式，即狄恩·卡门所推崇的“竞合”概念，这个名字是由“竞争”和“合作”两个词汇合并而成。当利益重叠时候，即使双方同时存在竞争关系，他们仍然可以互相协助，进行信息共享并在一定程度上共同协作。有一个著名的例子，在狄恩赞助的一次机器人大赛上，要求各参赛团队互相帮助，修复比赛中受损的机器人，以便为下一轮比赛做好准备。

尽管没有使用“竞合”这一词汇，山姆·彭明盛是把这个概念进一步发扬光大的人，他认为未来在竞争的同时，大型公司为了进一步成长壮大，将会同时加强合作。传统意义上公司、规则、政府甚至领导人之间的界限已经消融，新的更富创造力的合作关系正在建立。

> 成功的全球领导者通过积极利用这些结构化的、相互关联的智能资源，推动公司除旧布新，采取全新的作业形式，针对客户和社会需要进行生产，这些领导者把自己视为合作者。竞争当然是创新的核心动力，但在一个相互依赖的商业环境中，公司需要跨越传统的经营规则，以合作来完善和调节竞争，打破学术领域、行业和国家甚至竞争对手的传统限制。如今最活跃和成功的领导者，往往认为自己是全球性社区和合作伙伴的一分子。他们把聆听与演讲放在同样重要的位置，迫切希望聆听他人的观点，这些人包括同事、机构成员甚至从没见过的人。

与他人沟通联系的能力是一个人所能拥有的最为重要的“软实力”之一。正如此前所说，当我们还是婴儿或者幼小的孩子时，每个人都拥有这种能力。但通常这种情况很难延续，随着年龄的增长，我们大多数人都失去了这种能力，尤其是当我们进入竞争激烈的工作领域后更是如此。沟通联系对于自己的生活、工作以及工作目标的实现会产生重大影响，我们大多数人都逐渐丧失了这种认知。工作中我们过于注重完成任务，却忽视了与他人交流的机会。更糟糕的是，在工作过程中，极高的工作强度以及截止期限的压力，导致我们甚至无意之间疏离了他人，而这些人是我们日后需要依赖的。不管自己的工作是如何熟练，态度是如何用心，我们的成功在很大程度上取决于自己与他人的沟通质量。沟通质量反过来也体现了我们对他人的尊重，以及自己的情商高低。正如在“领”那一章所说的，情商让我们与他人产生共鸣，去理解别人的需求、目标和关注所在。马伦上将举了一个很好的例子，说明了要想取得个人生活和职业生涯的成功，情商和沟通所起的重要作用。

正如国会经常声明的那样，他们实际上是一群决定资金分配的人。我们军队也不时地提出一些建议，以便更好地配置各类科技装备。在与国会打交道的近20年时间里，我发现，尽管可能与新闻媒体的呈现不太吻合，但对于新的观点，大多数国会议员都保持着开放的心态。

我发现，保持与国会议员的交流沟通及共事合作是十分重要的。当我们这样做的时候，他们往往都很支持我们的观点。你应当与国会议员及其下属保持频繁的沟通。当我还是一名低级的海军上将时，我与国会议员的下属沟通较多，与高层沟通较少，而随着级别的提升，情况发生了转变。但有一件事情，我从来没有忘记，那就是与高级议员的下属保持联系。与我们类似，议员的日程表排得很满。我之所以与低层议员保持联系，其原因在于，他们才是真正研究问题细节的人，他们才是“安排”其上司议程表的人。

连——有效性水平

正像在其他法则里所说的那样，对于多年工作中所经历、所观察到的各种联系层次，我愿意与大家分享。我们与周围人的联系可以分为3个层次。像其他章一样，我们需要确定自己现在处于哪个层次，为了提高我们又需要做些什么。

◆第一层次：独自孤立

在第一层次，我们呈现出一种孤岛思维的模式。自己的思考、应对和解决方案都是孤立的。脑海里可能会浮现出合作的想法，但通常情况下这种思路都是一闪而过（我们将其称为“破坏性合作”，随后我们将对此进行深入探讨）。在这个层次上的领导者，仅仅以交易为中心，并没有认识到建立合作关系的重要性。

◆第二层次：系统整合

在第二层次，我们与外界建立了良好的联系，决策之前，我们会根据广大利益相关者的诉求进行多方权衡。我们愿意结合公司战略、现有方案或未来方案来开展业务经营，我们注意从股东视角出发，通过合作来制订高效的解决方案。这一层次的领导者很注重建立长期的合作关系。

◆第三层次：融会贯通

在第三层次，我们不断跨越自己传统的"交际圈"，去寻找和利用各种新创意和新方式，为公司创造商业价值。我们能够积极寻找多样化的交流对象，与那些看起来"毫不相关的"行业人群、年龄群体、技术人员等进行交流。我们乐于帮助他人取得成功。这一层次的领导者通过正直、信任和宽容的举动，与他人建立起长久的合作伙伴关系。

人们之间相互联系的文化

在亚洲传统文化中，关系可能是一项业务成功的最重要因素。在我小时候生长的中国，关系远远超过了交易层面的简单联系，它可能需要历经数年的不断培育才能建立起来，而个人和公司也都需要关系。在亚洲商业发展的数千年里，这种传统业务模式发挥了重要作用。

在我们很小的时候，兄弟姐妹和我就认识到了关系的重要性。父母的亲戚朋友很多，他们经常来拜访我们——几乎每天都有。我仍然记得，家里单独吃晚饭的次数并不多。这样的好处是，我们认识了很多很好的人，他们的陪伴让我们很开心。然后，这些人会带来他们的朋友，也会邀请我们去他们家做客。联系无时无刻不在发生。如果我们自己吃饭，父亲就会要求我和我的兄弟姐妹告诉他，当天都发生了些什么事。我们每个人都会构思一个有趣的故事，描述我们的朋友、他们的父母以及当天的活动。这是父亲与我们联系的方式，也是他了解我们与他人联系的途径。

此时，我的父亲已经成为航运公司的主管，管理着所有船长和船员，并负责航运公司上海港口的业务。在工作中，父母认识了许多人。当时中国工人并没有假期，如果有人想休假，那他就需要从原公司离职，然后休假之后，再寻找下一份工作。

我的母亲心地十分善良，她总是伸出宽容热情的双手，向需要的人提供帮助。尽管要承担家庭主妇的工作，对于自己那数量众多的熟人来说，母亲实际上承担了“大内总管”的角色。当有人向她请求帮助时，我常听到她说：“我认识某某先生，而某某先生认识某某女士，她需要一位工人……”通过这种方式，母亲通常能帮人找到工作。

有时候，我们小孩子也参与进来。我记得，有次父母的一个朋友向母亲求助，希望与一家她从未联系过的公司进行交易。我们发现，我同学的父亲是这家公司的管理者。因此，我的同学就把我的父母介绍给她的父母，然后我的父母又把她的父母介绍给希望进行交易的这家人。这中间各种联系的结果，就是这笔交易的成功达成，最终让每个人都很高兴。

因此，我们在成长过程中，逐渐认识到联系在自己生活和工作中的重要性，所以我很自然地将客户视为“贵宾”，把销售商和供应商视为“战略伙伴”。

我的父母经常说，在对待别人时，要按照他们希望得到对待的方式。父母还告诉我们，当需要他人帮助时，不要与他人联系，因为这样会利用他人，不太合适。我们总是应当与在无欲无求时遇到的人加强联系，并且力所能及地为他们提供帮助。之后，当我们需要帮助的时候，懂得感恩的人就会报答我们的恩惠。

在这种成长氛围和教育经历的熏陶下，对我来说，与别人加强联系并建立积极的关系是一件自然而然的事，尽管我面对的一些人并不太真诚友善。

联系与合作

正如田莉·奥尔布赖特和她的工作经历所展示的，通过联系与沟通，我们能步入更广阔的交际天地，可以接触到与自己不同的观点和创意，可以得到不同种类的信息，这对于我们找到解决问题的更好方法很有帮助。

还记得盲人摸象的古老故事吗？为了确定面前到底是什么事物，每个人都触摸了象的不同部位，并得出了不同的结论：摸到象鼻子的人认为象是蛇形，摸到象腿的人认为象是一根柱子，摸到象尾巴的人认为象是一条绳子，等等。这些人得出结论的速度之快，我们完全可以想象，但如果他们做出答复之前加强沟通和交流该有多好！

这些可怜的人为了解决问题，做了许多无用功。我们从这个故事中得到的教训是，我们中的有些人存在着不好的倾向，不注重与外界的联系，甚至到了自我隔绝的地步。这种情况在个人、团队和公司中都存在，导致制订出“竖井方案”的概率大大增加。面对各种相互冲突的观点，许多人常常表现得手足无措。这些人不是积极应对挑战，努力避免与他人的冲突，他们把自己和团队及他人隔绝起来。这种倾向导致的结果通常是使问题过于简化，或者错失了良机。而尽管这种方法可以简化决策和行为流程，但却将合作带来的好处也一并排除在外。其结果就是，他们得出的方案属于“定点突破”，也许能应付眼前一定范围的问题，但对公司整体的价值有限，最终只会增加问题的复杂性和解决成本。联系与沟通当然可以缓解出现这种“竖井方案”的倾向。

我还想谈一下另一种形式的“不沟通”。我之前提过“破坏性合作”，这个名词是我的办公室主任玛茜·温特劳布（Marcy Wintrub）提出的，他把破坏和合作这两字联合在一起。有时团队领导者尽管做出了所有合作的举动，破坏性合作的情况仍有可能出现——他们邀请我们参加会议，允许我们复制所有的文件，把我们的名字加到文件资料中，但事实上，他们并没有听取我们的建议，他们对我们的创意、关注的问题和建议方案毫不关心。在会议上，他们已经制订好了预案，并为之百般辩解，而不是共同合作得出工作成果，这让我们深受打击。更糟糕的是，我们的名字已经写入了他们的工作文件，这让别人看起来好像是我们也参与了方案的制订。

还有一种常见的错误则走向了另一个极端——试图立即满足股东的全部需求和解决全部问题，这种方式也不可行。许多人认为，合作需要合意，但我并不这么认为。我认为，成功的合作需要领导的指引。一个好的领导者要听取团队成员的需求、建议和关注的问题，然后把所有因素综合在一起，在条件允许的范围内制订出最好的解决方案；要考虑到当前面临的所有问题，并推动问题不断得到解决；要赢得所有人的支持，而不是争取全体的一致同意。

是的，联系的过程就是保持沟通、赢得支持以及激发热情的过程，在这个过程中，同时还要考虑外部反应、时间要求以及预算。

内森·梅尔沃德是一个发明家，也是微软公司前首席技术官，对于沟通不足而阻碍创新这一问题，他直截了当地说，

> 许多初创公司和项目的失败，可能更多的是源于人的问题而非技术问题，尽管有人对此不以为然。科技没法沟通，科技也没法管理。因此，你应当理解人的因素，同时也要知道科技的力量。理想的团队把上述两方面有机结合起来，要有伟大的创意，也要有伟大的创意人，就是那些创意十足的优秀人才。团队要有合适的组织结构和管理能力，要有高质量的人才队伍，这样他们才能有效地交流沟通、解决问题并与外界加强联系。这些因素正是我们成功的原因所在。

联系的策略、体系和流程

在工作、规划和创新过程中，我们还需要注意联系的另外几层含义：我们需要确定，自己与更大范围内的现实情况保持一致，包括公司的愿景规划，既定目标以及长期策略等。而在与这些大方向保持一致的同时，我们还要与公司的日常运营要求保持联系。我们也要与市场保持联系，这样才能与行业的最新进展和发展潮流同步。

当约翰·汤普森还是赛门铁克公司首席执行官的时候，只要与公司的发展战略紧密相关，他就对各种创意保持着开放的态度。

> 对所有公司尤其是科技公司来说，要允许创新从底层孕育成长，我认为这一点十分重要。因此赛门铁克公司的口头禅就是，创新总是源于公司的聪明人。不管你从事什么工作，只要你有一个好的创意，那我就会保持开放的心态，认真聆听你的想法。人们知道这一点，因此他们总是毫不羞涩地分享他们的观点，而如果我不得不说“这个创意并不特别适合我们”的时候，我同样不会感到难以开口。最终同事们认识到了一种趋势，那就是我正专心推动公司成为安全行业的领导者，因此如果创意不是围绕这个目标，那他们就最好待在我的办公室外面。

约翰提到，创新要从基层孕育成长，这一点影响深远。在流程运转和工具使用过程中，各公司寻求并欢迎来自各种渠道的创意，这已经蔚然成风。对于来自各级员工、客户、供应商的创意，公司表现出日益欢迎的态度，并没有将目标限制在“创意人士”的范围之内。

将内部流程和体制创新与公司战略联系起来，这种方式所起的重要作用与产品创新的重要影响相比，二者不分伯仲。“竖井思维”会导致低效低能的方案，我们大多数人对于这一点并不陌生。作为客户，我们被几个部门“踢皮球”，但问题或要求却鲜有进展，我们也都有过这种经历。有时候，用一部单线电话与数个客户代表交流，这看起来几乎对各家公司都能适用。在一个公司内部，我们也常常见识到，一个问题的解决方案是如何给其他部门带来麻烦，或充其量，仅能不让问题进一步扩大而已。例如，我们可能都看到过这样的情形，多项方案都需要类似的数据，但每个小组的数据加工和整理方式差别是如此之大，它们中间甚至没有任何关联。各个体系之间的数据转换和整合任务通常落到了不幸的终端使用者身上，他们才是这些体系的最终使用者，其结果与自动化的初衷完全背道而驰！

除了效率低下，这些行为也会导致数据失真，从而为实时分析或整合汇报带来障碍。尽管看起来，这些行为在短时间内可能会解决部门的问题，但这通常是把问题转移到了其他部门，甚至导致问题重叠。与带来的商业价值和竞争优势相比，这类解决方案更有可能增加问题的复杂程度，提高解决成本。创新者也能解决短期问题，但他们是将解决方案组合起来而不是割裂开来，这种方式无疑更为高明。

戴尔软件公司总裁约翰·斯文森在本书前面提到的观点，在这里依然适用。他说，未来的创新，就是关于科技的组合：“许多创新的出现，是由于将不同技术组合在一起，并由此孕育出新的能力。”

这里还有一个例子，讲的是在把一个行业的发明和流程管理应用于另一个行业时，由此引发的关联创新。汽车制造与手术治疗存在联系，这一点有谁能想象得到？正如内森·梅尔沃德所说，

> 汽车公司使用机器人生产汽车。特别是用于焊接的机器人，它们把不同的部件焊接在一起，这是一项程序化的工作。而在医疗领域，外科医生使

用机器人并没有多长时间，但使用专门的机器人完成特定的外科手术，这种例子正越来越多，特别是在腹腔镜手术中，可以通过使用微型机械手臂，在患者身体内部钻出一个小洞来实施手术。因此，如果你的创意正在汽车工厂大展身手，也可以应用到其他许多工作中，就像这个创意可能应用在外科手术这个全新的领域中。

联系的方式

进行联系与沟通的最有效方式之一，就是采取使沟通对象感到舒服自然的方式。营造一个舒适的环境会大有帮助。如果在办公室的时候，能让人感到像在家里一样（当然这是相对而言），那我们就走在正确的路上。

我们可以从蔡明昊和他的餐饮业中得到一些启发，对他来说，培育与客户和雇员的关系，是成功的重要因素。

顾客会浏览菜价单，只有当他们认为物超所值的时候，他们才会再次光顾，否则你可能每年只能见到他们一次，那就是在他们过生日的时候，但如果只靠生日和年度庆祝聚餐，你的餐厅可就没法经营了。你需要确定的是，当顾客离开餐厅的时候，他们是快乐满足的，他们觉得自己的消费物超所值，这时他们才会再次光顾。当顾客回来就餐，你看到并欢迎他们，感到他们就像家庭成员一样，顾客也会感到像在家里一样。对你的雇员也是如此，使他们感到自己好像是家庭的一部分，要比像一名员工好得多。在蓝姜餐厅，我们已经促成了 9 段姻缘，并且他们有了 10 个孩子，这可真是一个大家庭！

办公室当然不是我们的家，但为了营造一个舒适的环境，建立良好的业务关系，我们个人能做些什么呢？领导者要喜欢下属，表现出对他们的关心，建立一个公开、友好、鼓励创新的工作环境。在没有不安，只有激励和信任的工作环境中，员工的效率才是最高的，也是最具创造力的。当能够共享创意，同心协力的时候，一个团队才能实现最高的工作效率。团队成员之间的沟通交流可能是自然发生的，尤其是当你招录到合适的员工，并营造了恰当的环境的时候。

多样化的团队能够制订出更为综合全面的解决方案。如果不因为经验较少而轻视年轻人，那他们就能提出鲜明而有意思的观点。他们能够看到所有的可能性和业务机会，而不是紧盯着困难不放。他们能够成为创新的有力驱动者，就像马伦上将所说，

> 我认为，年轻人尤其能够自发创新。他们不受生活经历的阻碍或限制，这对成年人来说相当罕见，越有经验的人则越是如此（当然也有例外）。因此，在年轻人本身就天然不受约束的情况下，我们怎样才能培养他们的创新精神，呵护他们的创意并将其与经验、知识结合起来呢？一个好的领导者应当成为年轻成员和老成员沟通的桥梁。如果没有这种沟通，年轻人就会到其他地方创新，到欢迎他们、欢迎他们创意观点的地方大显身手。

与自己的团队加强联系

尽管我的工作职责是负责道富银行的技术基础设施，但公司在全球各地的基础设施部门早在多年前就已经向我报告。这对当时还高度分散的公司来说，无疑是一个巨大的转变。全球各地的基础设施主管们对公司职能部门的态度比较冷淡，除了被认为是美国中心主义之外，公司职能部门有时也被认为是行动缓慢、落后时代、不了解客户需求的代表。在这类看法的影响下，要想让全球各地公司建立友好协作的关系，自然是天方夜谭。当发生联系时，尤其是当地公司与个人之间进行交流时，通常是因为产生了某类问题需要处理。这样导致的结果

就是，各类关系都很紧张，人们对新的全球模式心存怀疑。

我很快就组织了一场大型团队会议，把向我报告的两级设备经理召集在一起。我也邀请了一些财务和采购等相关部门的重要合伙人。总而言之，两天之内约有60人参加了这次会议。我们知道，这是人们改变对彼此认知的一个机会，因此我的后援团队花了数个小时，只是为了安排好餐桌座次，就好像将要举办一场婚礼一样！我们很有策略地进行了组合配对，每张桌子上的人都来自不同的部门和地区。

我们的会议议程轻松愉快。第一天的议题是“拥有、引导和升级”，这些举措使个人可以在全球范围内提供以客户为中心的服务。第二天的议题是“合作、世界水准和全球一体化流程”，这种信念能促使个人和团队团结在一起。我们十分注意避免把这次会议变成一种企业发展研讨，去教育公司的全球伙伴“在这里我们就是这样做事的。”实际上，我们希望这次会议统一全球视角，把与会者放在首要位置。我们每天都安排演讲和练习，并有大量时间让与会者彼此交流。他们也这样做了。随着人们彼此增进了解，他们看到自己的同业与自己实际上并没有什么不同，此前先入为主的观念和长期以来的不满情绪开始逐渐消散。这次会议十分成功，成果丰富，为公司真正实现全球化发展奠定了基础。

最后一天下午3点钟，会议安排公司首席信息官乔·安东内利出席。我们决定站成一队合影留念，这样他来的时候就能加入进来。有位大楼工作人员愿意帮忙拍照，我手忙脚乱地组织这一大群人，排成整齐的4队。当乔进来的时候，我刚安排好。“乔，来这里！”我喊道，招呼他过来。当站在队列旁边的时候，我突然发现，刚才我把队列安排得过于完美，如今乔和我都不知道应该插在哪里了。乔很高大，我比较瘦小，我们俩站了一会儿。突然，控制中心的值班经理马苏德（Masood）喊道，“毛正行，你和乔为什么不蹲到地上呢？”然后出现了一段令人尴尬的沉默，大家都在想他的提议。一会儿，公司产品控制主管史蒂夫（Steve）忍俊不禁地说："马苏德，和你一起工作真带劲儿！"房间里顿时充满了笑声，乔和我迅速步入镜头，相机随之闪起，每个人的脸上都洋溢着高兴的笑容，而马苏德和乔更是如此。这是一张最好的合影，也是沟通成果的最好例证。团队拿到了照片的电子版，并按照海报尺寸复制了一份，挂在了我办公室的墙上。

麻省理工学院合作项目以及奥尔布赖特面临的挑战

本章的最后，我想谈一下麻省理工学院合作项目，这个项目是由田莉·奥尔布赖特医生创始的，我们在本章前面提过她。在我看来，田莉是一位真正的大师，她具备把不同行业、不同背景、不同年龄的人召集在一起的能力，即使面对世界上最为紧迫棘手的问题，他们都能协商出极具创意的解决方案。

> 我们要改变做事的方式——这句话全球适用。我们面临的问题更为复杂，而手头的资源却极为有限。自创立之初，麻省理工学院合作项目就一直在低调运作，以改变处理问题的方式，使我们在面对更为复杂、更广领域和更大规模的挑战时，可以不断提高应对能力。
>
> 局限在自己的领域，不与他人进行知识共享，我们早应该把这种陈规陋习抛在脑后。我们必须打破界限，加强交流，建立大型的经验共享数据库，供各方借鉴学习。这种类型的合作方式加上系统的工具方法，专门被用于管理复杂的概念性问题，最终能引领我们创新发展。
>
> 面对某一专业领域的问题，如果业内外专家和机构能够携手合作，那就能极大地推动问题的解决，基于这种认知和理念，我们与麻省理工学院展开了合作。
>
> 对于加快创新的步伐，推动备受关注的社会各领域科技的发展，我们

都很感兴趣，这当然也包括健康医疗问题在内。麻省理工学院合作项目的远景设计来自我们对社会发展的认知，那就是任何成功的转变，不管是发生在自己的专业领域之内还是之外，只要我们正确认识，加强学习，就能孕育巨大的正能量。

在过去7年间，麻省理工学院合作项目把许多领域的专家召集在一起，进行高质量的互动研讨，致力于信息共享和创意构思。会议与会者包括退伍军人协会部长、参谋长联席会议主席，还有石田农场、可口可乐公司、梅约诊所的首席执行官，以及无国界医生组织的总裁、麻省理工学院教授，还包括医疗保健、科研、商业、学界、非政府组织以及军队系统的其他领袖。

通过这些会议，我们启动了一系列项目，这些项目运用统一的跨学科模式，加上系统的规划，向一些重大棘手问题发起了挑战：中风、小儿单纯性肥胖症、现役军人的创伤后压力应激障碍等。在实施上述每一个项目的过程中，与会者都与学界研究者进行了合作，后者在系统构思和整体设计方面具有丰富的经验。

我们的合作模式全面考虑了某一问题的各种影响因素，之后再确定问题的关键节点，这种模式的潜在价值十分巨大。

麻省理工学院合作项目的合作对象包括哈佛大学设计学院的学科技术带头人、哥伦比亚大学地球研究所的城市设计实验室以及麻省理工学院社会技术系统研究中心等，并建立了跨学科的咨询委员会来指导、共享和推进问题研究工作。

每一项举措都带来了创新性的解决方案：

在中风领域，当时医学界普遍认为创新方案运作良好，新的方案对标准做法进行了改进，关键领域的成果显示，新方案在节约资金的同时还能改善治疗效果。

小儿单纯性肥胖症治疗项目的性质决定了，为治疗这种疾病，尽管已经做了大量卓有成效的工作，但除非食品的生产、加工和流通方式发生改变，上述工作仍将面临极大的困难。如今该方案正致力于设计开发出一种工具，利用这一工具对投入到地区食品基础设施上的每一元钱对健康所带来的积极影响，人们会看得一清二楚。

到目前为止，创伤后压力应激障碍项目正处于运作过程中。

2011 年当麻省理工学院合作项目启动时，我们面临的现实情况是，许多社会问题看起来已经走入了死胡同，并对各级领导和整个经济产生了冲击，我们于是召开了两场会议，讨论如何才能打破僵局。会议设计了研讨辩论环节，对一系列问题进行了探讨，如在打破传统思维局限、厘清各种自相矛盾的激励措施并代之以切实有效的行动方面，系统思考和交流合作到底可以发挥怎样的作用等。与会代表对该项目的经验深表赞赏，对这种模式成功运作的评价颇高，同时，对这种模式在商界、政府、美国军队系统和医疗保健行业应用过程中所面临的困难也进行了交流。

这次会议取得了初步成果，与会代表认识到，为了打破眼前的僵局，需要创新型的领导，加强跨领域合作，要统一成功的衡量标准，并充分认识到失败的可能性。与会代表也一致同意，如果要想推动未来创新发展，打破解决方案的固有范式，在会议交流中应当把未来的各界领袖纳入进来。

为应对这种情况，目前麻省理工学院合作项目正在启动奥尔布赖特挑战计划（Albright Challenge），运用我们在过去 7 年里积累的经验，向未来的领袖们提出要求，让他们加强合作，推动解决社会关注的重大问题。这个计划的核心，是在麻省理工学院举办的为期 5 天的高强度工作会议。在这次会议上，各位领导者按照每组 10~12 个人的标准分成几个小组，针对某一特定问题进行研讨。这次会议会采用设计方法学理论（Design Methodology），该理论是专为解决复杂问题和构思创意而提出的。每个小组还有一次机会，即可以通过小组讨论或授课学习的方式，与当前最有实权的领导人进行沟通交流。

根据赫尔辛基设计实验室推动系统变化的工作模型，奥尔布赖特挑战计划的目标，就是要为看起来相当棘手的问题找到解决之道；就是要为真正改变现状而鼓励人们采取行动并积蓄力量；就是要把领导者集合在一起，为跨学科合作、制订工作方案和培育创新而共同努力；就是要为未来的领导者和当前领导者营造动态的氛围，让他们能够交流互动，彼此学习；同时，也是要成立这样一个机构，让参与者可以“按照自己的方式进行全新的构思”。

连——将法则付诸行动的具体步骤

个人

建立联系、加强沟通应当成为每个人日常生活的一部分。这与我们的工作内容同样重要。不管是为了完成什么工作，都不应该忽略联系的重要性，我们不要因为着急而对别人置之不理，或者在发现别人的问题时对他百般羞辱，或者为了完成某一项工作，自己受到各方面的诱惑而伤害他人。最终看来，团队的宏伟蓝图和卓越成就才是我们孜孜以求的，但这些成果的实现，都依赖于上述关系和人脉，更不用说当与他人和谐共处时，为我们生活和健康带来的积极影响了。

当自己的眼光局限于完成手头工作时，这些工作只是一时的问题，但却会影响长远的人际关系，此时我们就需要回过头来，重新排定各项安排的优先顺序。尽管有时候，由于重大项目的压力和变动带来的冲击，我们与他人的联系可能会受到影响，但我们总是应当注意选择沟通联系的宽广大道，而不应步入自我隔绝的坎坷歧途。

团队和公司

除了加强个人交流之外，一个创新型的领导者还要采取措施，确保团队成员彼此交流，要与公司同步，并与外部世界沟通。团队领导者要通过建立内部联系，确保团队成员了解公司每位股东的需求，这样团队成员之间就能通力合作，为公司总体目标而努力，而不是局限在自己的小天地里。团队和机构的领导者协助成员加强外部沟通的方式有很多，包括鼓励参加行业活动，加强与客户的紧密接触，邀请演说者、供应商和其他人进行交流等，这些方法可以拓宽成员的视野。

我们还要重新审视当前的奖惩体系，是否有激励措施推动团队领导者与其他团队进行工作交流？各业务单元之间的业务关系如何？是否存在分红制度？比如说根据公司整体层面而非自己小团队的销售增长情况来发放奖金？最后，在设定新员工招聘条件的时候，我们还应鼓励对价值观和品性进行评估。许多公司已经采取了类似措施。

• 如 • 何 • 联 • 系 •

※ 要在全球范围内加强广泛的联系，跨越行业、机构和年龄群体的界限。

※ 要重视联系与沟通的策略、制度和流程，同时要注意沟通的对象。

※ 要在不需要别人帮助的时候加强联系。

※ 要注重联系策略，不要把目光局限在眼前的需求或交易上。

※ 要公开联系，鼓励相互信任和诚实相待。

※ 要持续加强沟通，抓住每时每刻、每个机会。

※ 要全情投入地加强沟通，对待每个人的方式要与他希望得到对待的方式一致。

※ 要慷慨大方地加强沟通，不要不停地计算得失。

※ 要清楚沟通联系并不是要占别人便宜，或者利用别人获利。

※ 要协助他人加强沟通，实现双赢。

※ 无论什么时候，只要能帮助他人就要伸出援手，而不要仅仅考虑自己的眼前利益。

※ 沟通联系需要持续不断地努力，因此要有耐心。

※ 成功的联系与沟通，需要双方都有情商。

第六章 承

承

本书中，我所说的 8 大法则是密切相关的。它们彼此印证，各项法则之间也存在一定程度的重叠。与其他几项法则相比，“承”在这一点上表现得更为明显。对创新而言，“承”需要落到实处。到目前为止，对于我们在前几章中所谈的法则，如果你在工作中没有很好地应用，其结果通常体现为“承”的缺失。但当其他几项法则都执行到位的时候，我们的希望就可以转化为具体的行动。由于各法则之间高度关联，本章也会回顾之前谈到过的法则，并在此基础上用不同的视角进行解读并补充更多的信息。

承

“承”是一个古汉字，意思是“按照某人的要求”或“以某人的名义”。与“諾”字一起，可以组成“承諾”这个词，同时具备“接纳”和“口头同意”的意思。“諾”字的左边是“言”，意思是“说”或“表明”。

英语中，“承”的意思是同意接受某种行为或誓言的约束。

一个好的领导者承诺从事一项工作或使命，就像守护自己的生命一样。一旦做出承诺，他们就要全心全意地投入，并采取行动实现这项承诺。

企业文化与承继

营造积极开放的经营环境，鼓励冒险精神，这是成功的创新文化得以树立的根基。而共同的愿景和使命感，则是激发员工创造力和活力的源泉。

达坎·马纳是慧智科技的前首席执行官，作为一名多次创业者和投资人，当面临必须克服的困境时，他总是能从历史经验中得到启发，并为团队成员呐喊鼓劲。

> 我最喜欢的格言之一是汉尼拔（Hannibal）所说的，“总是有路可行！我们要找到出路！如果没有，那我们就自己建一条！”我经常和团队提及这句话，因为创新的时候，你总是会遇到各种困难和挑战。挑战不可避免，你应当坚韧不拔，不要放弃，并要加强学习，注意调整，要不停地努力，因为总有解决办法。热情使人坚守，坚守必将成功。

适当的激励、引导，以及规范的流程管理，能够有效应对各种不利形势，而不会继续引发对失败的畏惧情绪。马伦上将曾经面对各种失败，也曾管理各类风险，根据这些经验并将其与承继联系起来，马伦上将对领导者提出了一些明智的建议。他认为，我们必须学会积极地面对失败。在执行第一次指挥任务时，他就使得一艘汽油船撞上了海上浮标，这完全是个人的失误。这次事故险些葬送了当时作为中尉的马伦的职业生涯。

我认为，对组织来说，要时刻调整自己迎接未来一定会面临许多很高的风险……在生活中，我之所以对失败保持着很高的容忍度，是因为我很早就经历了失败。与单纯的失败相比，是不是失败之后的举动更为重要？自己是如何振作起来的？从中得到了什么教训？未来又是如何借鉴这些经验教训取得更大成就的？

领导者要进行投资决策、处理人际关系、规划职业生涯、取得成功、面对失败，在此过程中存在着许多风险……

如果领导者承担了某种风险，那他所在的组织也将如此。

但如果组织领导者只是保持现状，与勇于创新相比，组织就只能取得相对较差的成果，这些成果还可能雷同……我认为，在新的业务领域，因为没有大量数据积累，自然也不会有经验或历史参考，这时候风险控制技术就很有必要了。这个过程可能会很艰难，但组织要想实现不断发展，取得不断创新，在面对新的业务领域时，就必须不断加强学习，实时吸取经验教训。

年少轻狂时，曾经的冒险举动得到父母的支持，经营公司时，营造出允许失败的创新文化氛围，在狄恩·卡门看来，这二者具有类似之处。

父母的持家之道，就是我在德克的经营模式。其中的共通之处在于，他们都希望我们受到良好的教育，都希望我们掌握各种各样的技巧，但如果我想尝试不同的新鲜事物，他们都会给我鼓励和支持。

如果我、我的兄长或其他人努力尝试做一些不同的事情却失败了，你知道，父母也会很失望，但却从不会嘲笑我们，他们仍会表示支持。像所有好的父母一样，即使他们希望保护自己的孩子，让我们免于失败，但如果失败发生了，他们仍然会表示支持。他们会让我们尝试从事一些更为常规的活动，但最终如果我坚持说：“不，我其实喜欢做那些。”即使他们会感到担心，即使他们像大型公司的管理层一样，希望公司保持现状，最终兄长和父母总是会说：“噢，不管你做什么，我们总是会支持你的。”而他们也确实这样做了。

即使失败了，我仍然能够爬起来，再次进行尝试，因为父母会在那里给我提供支持。对我来说，这种信念十分重要。这有点类似我建议公司应当做的事情。他们应当避免再犯与过去一样的错误，应当重视学习提高、知识储备和经验积累，但在某些时候，他们也要做出表态：“我们知道这项活动风险很高，可能会做大量的无用功。这些我们都能容忍，我们要努力克服这些困难，继续前进。”

对于我们的创意、激情，如果一家公司管理层能够表示支持，保持宽容，就像家长在家庭中的态度一样，我认为，与传统中庸、规避风险的公司相比，这家公司最终将会取得更大的创新成就。

你知道，对一艘船来说，最安全的地方就是港湾。但一艘停泊在港湾的船将无所作为。我认为，公司要勇于承担合理风险，支持员工创新，即使他们的创新举动可能会带来一些问题。这也是我父母之前所做的。

正如我们在第二章“领”中所说，在许多公司的文化看来，不管什么类型的失败，都将带来消极的后果。虽然并非所有失败都会让你丢掉工作或者延误晋升的机会，但这些失败总是会影响你在公司的地位和信誉。对个人来说可不仅仅是名誉扫地这么简单，这还会导致他们将来失去别人的信任。对公司来说，这就形成了一个恶性循环，员工更加不愿意从事与众不同的、效率更高的活动。

汤姆·门多萨把这种现象称为安全文化。

NetAPP公司许多真正的创新，实际上源于公司基层员工的努力。这家公司的安全文化在一定意义上表明了，人们知道并非所有的创意都会产生价值，你要勇敢地站出来，不惮于提出自己的想法。这种文化允许员工犯错。如果从不犯错，那就没有创新，而永不犯错也是不现实的。我认为，如果有人满怀激情、一心一意地尝试新的创意，并在各种条件约束下将其发挥到极致，这时你就应当采取力所能及的措施，保护这种创意免遭扼杀，这一点非常重要。即使工作没有成果，如果能够显著地推动公司发展，那就要给予一定的奖励，然后你就可以从容地说："好的，谁会下一个站出来？"

我认为，汤姆看到了营造创新文化必要的一个关键条件，而具备这个条件的公司并不多。我认为自己很幸运，能够参加爱德华·戴明博士主持的最后几节培训课，戴明博士是一位伟大的管理思想家，直至今天，他的真知灼见依旧适用。戴明博士号召领导者要"摒除恐惧"，他认为，大多数错误的根源在于流程问题，而非人的问题。汤姆也有类似的想法，他希望员工能把自己的能力充分发挥出来。他意识到，如果与员工的兴趣背道而驰，那么你就很难期待他们能够发挥出自己的正常水平。他并不要求员工"走出自己的安全区"，而是扩大了安全区的范围。

安全区内的创新管理

明确界定"可以承受的失败"的标准——狄恩·卡门将其称为"亲吻青蛙"，并把这种类型的失败与将大型公司置于危险境地的失败认真区分开来，团队和公司领导者可以为其员工扩大安全区的范围。我曾经主管道富银行的创新部门，当时吉姆·费伦是我的主管，面对道富银行的全球雇员，他简明扼要而又不失幽默地指出了这一点，他说："你们可别误解我的意思，公司做出这种创新承诺，但这并不意味着，我们鼓励高度投机的交易行为！"

明确的指导法则会让员工仔细权衡将要承担的风险，采取的措施也将符合公司的经济利益和发展目标。当人们意识到，他们的创新要在一定的范围之内，如此即使失败他们也不会受到惩罚，不仅如此，他们还有可能取得成功并得到认可时，他们没有理由不尽情发挥自己的聪明才智。适当的创新管理不仅能够鼓励创新，还能够控制创新的风险，使创新的效用得到最大程度的发挥。

许多公司实施管理控制措施的目标都是为了确保行为高度合规，未来明确可预测。通常情况下,有些人在工作中花费大量时间来加强控制和相关流程管理，这些人甚至没有意识到，与营造创新文化的要求相比，这些法则之间是多么缺乏连续性。在把创新纳入现有的经营模式，比如在项目管理中进行创新时，经常会出现各种问题，其原因就在于此。

公司多数项目的目标是为了在既定的预算约束下，准时达成预期的成果。而另一方面，创新型项目的目标是为了探索、评估新的运作模式，并利用这种模式创造业务价值。

包括创新型项目在内的所有类型的项目，都需要满足预算和资源约束，并如期实现预期目标。但传统的项目管理通常认为,项目可以事先就确定好时间节点，分配好财务资源，然后进行监测，观察该项目与预期的匹配程度。人们还假定，除非发生不可预知的灾难，每个项目都将平稳推进。这导致人们抱着避免失败的态度，十分注重合规要求，而实验创新型项目显然与这些要求毫无关联。

高效的创新管理工作需要建立在完全不同的企业生态体系和项目管理模式上。管理的前提假设更加“达尔文主义”，突出表现在对项目的每轮资助之后，只有一定数量的项目才会继续存活并发展下去。那些没有继续发展下去的项目也为公司带来了巨大价值，它们验证了之前的各种假设，并为公司积累了宝贵的经验教训。这种管理模式要求，将公司的学习和成长放在首位，而不是简单满足公司预先设定的目标。

IBM 的经营之道

琳达·桑福德（Linda Sanford）是 IBM 负责企业转型的高级副总裁，我曾经问她，在 IBM 推动创新、开拓新业务的过程中，公司是如何看待和管理可能出现的各种失败的。她回答道，

与其他成功的公司类似，IBM 也是执行力导向和目标导向型的公司。但我们同时也意识到，公司需要制定明确的管理制度，注重创新，为新创意和新业务提供发展空间。在这部分管理法则的指导下，公司要为创新失败做好准备，因为如果不这样做，这可能就意味着，我们并没有把自己逼到极致。

面对新兴业态，IBM 进行了管理模式的创新，在这方面取得了巨大成就，并采取了一系列措施为之提供支持。一个很好的例子就是新兴商业机会管理（Emerging Business Opportunities，EBOs），这个结构性的项目能够寻找、资助并呵护新的业务模式，为其从构思到成长提供支持。

一旦项目被选定为 EBO 项目，我们就会给予其特别关注和重点支持，包括由公司高级副总裁主管的 A 级领导支持，提供特别资助，并进行区别于已有项目的特殊战略管理。

EBO 管理模式下诞生了一些优秀的创意项目，包括公司的 Linux 操作系统和生命科学项目都是由此得以成长壮大。但并非所有的项目都取得了本垒打式的成功，有些项目中途夭折。重要的是，对于没有成功的项目，我们不会对其主管和团队进行惩罚。

我们已经认识到，要承担风险并从中学习，而领导者也将从这些经验中获益。从市场和激进型公司的角度来看，一家公司不应成为创新领导者，

除非这家公司愿意承担大量的失败风险。挫折和失败是创新的必要组成部分……你只需要把它们控制在一定的范围之内。

为创新项目提供资助

我们上面讨论了创新的各种措施，为这些举措提供资助，本身就是支持创新的一种重要的公开承诺。这种行为是公司向外界发出的一个重要信号，即公司高层很重视创新。通常情况下，当部门经费紧张时，创新项目的预算总是第一个被砍掉的。高层支持创新的长期承诺极为重要，其原因就在于此，这对公司长期发展、不断进步将起到重要作用。一种高效可行的处理方法就是把创新资金从一般运营费用中隔离出来。根据公司的经营文化和优先安排，可以实施集中和/或分散的管理流程，对创新项目的业务进展进行评估，监督其资金使用情况，并最终确定创新项目执行和评价的管理模型。经过概念验证或创新尝试之后，这些创新方案就可以从一般的创新项目中分离出来，以更为传统的方式对其进行资助和管理。

对公司来说，实施创新项目管理过程中，最重要的是要处理好项目夭折的情况，只有这样，创新项目即使最终失败，但其发生的合理成本才不会对公司造成不可弥补的伤害，同时也才能使公司从这些教训中吸取经验。要做好这项工作，一种方式是对创新的假设条件进行严格的测试。这些假设可能是对客户、市场需求、竞争定位、设计或生产成本、科技水平以及更多情况的预测。在第八章“行”中，我会对这个话题进一步展开，但根据“承”这一法则，我们应当注意，在创新之初，就要全方位、多角度地对创意进行可行性测试。抓住这些测试的机会，我们就能对流程结果进行全面验证，其结果或者是进一步验证了创意的可行性，或者是改变了项目资助者的观点，让他们有时间把注意力和经济资源转移到其他项目上去。

这在非营利的业务环境中同样适用。吉拉德·切特文是Year Up公司的创始人，对此他这样说，

我认为，对与Year Up公司签署实习生合作协议的公司来说，它们都有回馈社会的美好意愿，但却没有意识到，我们也能够帮助他们解决面临的问题。我们知道这一点，而他们也最终发现，这项合作不仅有利于公司的发展，同时他们也可以借助Year Up公司，使其成为自己的人才储备基地，这不同于单纯的投资，因为这个项目的实施，碰巧还是一件美好的善举。

尽管Year Up公司取得发展，最初是源于这个项目的慈善性质，但他们只用了极少的资金，就把对企业公民的承诺最终演变成一种清晰的经济模式，并为公司发展提供了动力。吉拉德继续说道，

实际上，在这种业务模式下，我们不赞成人们抱着慈善的目的从事这项投资。相反，我们对其进行了特别定价，迫使人们提问，这项投资有价值吗？对此一个例证就是，我们一般从公司的生产部门获得收入，而不是从公司的基础部门，而公司的生产部门员工没有多余的资金可供挥霍。他们不会采取与公司利益相悖的行动，即使在他们看来，这些行动有利于社会，而这又是另一方面的收益了。我认为，许多公司也开始把这些措施视为提高员工满意度和公司士气的途径。事实证明，与公司员工相比，人们与实习生共事的时候显然更加快乐。

公司可以最初先对项目进行小范围测试，随后对其进行观察，衡量其可持续性，然后就可以在更大范围内推广。在某些情况下，公司观察到的结果可能并不确定，但仍具有一定的参考价值。因此项目可以继续推广下去。但如果我们

知道，项目的关键假设可能会有问题，或者支持我们推动该项目的资源后继乏力，项目快速体现出价值就很有必要了。有时候，尽管一切都在预设轨道上稳步推进，但突然出现了另一种更好、更快、更节约的方式同样可以实现预期目标，这当然也是有可能的，此时我们就需要改变既有的操作模式。

内森·梅尔沃德曾经见证过无数创意开花结果，也有许多创意无疾而终。他认为，对一个项目，到底是继续坚守还是果断放弃，这是最难判断的问题之一。

科技界最难的事情，可能就是决定什么时候应当继续推进一个项目，因为下一个版本、下一个阶段，甚至在一年之内，情况都有可能发生重大变化，与此相对的是确定什么时候放弃一个项目。我认为，面对这一问题没有完美的解决之道。这是一个风险投资者与公司和企业人士纠缠不清的问题。你需要根据对市场情况的理解，以及自己为什么要第一个进入这个领域的认识，尽可能做出最好的决定。

举例来说，一个经常犯的错误就是，当接触一个项目的时候，人们发现自己对市场或产品的假设是错的。喔！这不可能成功，没人想要这些产品，或者没人愿意为之掏钱，或者其他什么理由。在这些理由面前，我们应该往后退一步，甚至放弃这个项目。但许多人并不会这样做，因为他们会感到尴尬，他们会说，也许我们可以转型（pivot）——这可是个时髦的词，我们将会转型。

当一位年轻的企业家告诉我他要转型的时候，我说："你是说你全错了，如今你要改变主意了吗？"他随后笑着说："噢，是的，但如今我们把它叫作转型。""好吧，这没错，但你应当确定的是，自己下一步要做的事情是有价值的。"

人们可以坚决地说："我在这个领域奋斗已久，如今我绝不退出。"很多人会有这种强烈的愿望。所以，人们无法说服自己把精力投入到一些有价值的工作中去。这个问题最终可能会相当棘手，因为在自我蒙蔽了很长一段时间之后，你可能已经为自己挖了一个大坑。

前段时间我与一位企业家交谈。他有个不错的创意，成功筹集了资金，也找到了合适的人手。突然之间，这个创意项目无法进行下去了。然后他们对着这个不错的创意说："好吧，我们手头的东西还有什么用？"他们找到了另一种创意应用方法。这到底是个好主意还是一招臭棋，我现在断言还为时过早。因此我就向这位企业家提问，他说："你也知道，这个主意不错，因为我们能够充分利用手头已有的资源。"然后我说："是的，但到底你是应当一开始就采用第二种方法呢，还是你只是不敢承认自己第一次搞砸了，自己应当做得更好呢。"他说："哦，我还没有这样想过，将来让我好好想想。"

因为这是一位年轻、自负而又优秀的企业家，他可能会说服自己："是的，新方案仍然具有相当高的价值。"但我猜测，新方案可能并不可行，而如果他之前就采用的是这一方案，他就会说："我根本就不会进入那个市场。"因此我认为，他之所以要继续推动新方案，就是因为太自负而不愿承认自己应当退出。当然从某种程度上说，这也未尝不可。

我之所以这样说，是因为人们不喜欢退出者。人们不想看到一遇到挫折就打退堂鼓的人，因为几乎每一个新的创意都会遭遇逆境，突然就能够被人们广泛接受的新创意十分罕见，罕见到几乎不存在。因此，你应当继续坚持。

然后，所有的问题都集中到一点，那就是什么时候需要坚持下去？什么时候你应当说："这会激励团队，他们渴望成功，如果受到挫折，投资也已经属于沉没成本了。"而不是说："我们认为事情已经毫无希望了。"针对这个问题，我依旧没有一个简单的答案。你需要自己做出决定，要忠于自己的思想，试着问自己，“这个项目有价值吗？我之前的假设是正确的吗？如果一切马上归零，需要重新开始，我还会这样做吗？”而如果你的回答是从头开始的话就绝对不会这样做，而如今之所以这样做，是因为自己的执着，那我就会说：“你确定吗？你是不是应该重新考虑一下？”

当被问及我们如何才能识别那些最终能产生商业价值的创意时，狄恩·卡门给了我一个很有意思的回答。

没人能做到一点。

最开始，你要学着接受失败。大多数人只听说过成功的故事，而失败的情况更多，如果不能马上产生价值，那创新就会快速结束使命，这也可以看作创新流程的一部分。但是，即使创新项目失败的次数比成功还要多，我们依然应当给予鼓励，只有这样才能最终发现新的战略价值。

狄恩的回答证明，如果一旦确定手头项目无法创造价值，那就应当迅速终止。另一方面，狄恩也提到了失败是创新流程的组成部分，我们应当把失败视为学习的重要内容，对于失败及其原因，我们应当坦然接受并进行研究，这样创新者和其他人才能更好地学习。因此，我们要承认失败，而不是对其进行遮掩，营造这样的企业文化十分重要。

高效的创新管理流程能够采用各种方法实施风险管理，设计、评估创意提案和业务案例，分配预算资金，产生商业价值（不管是通过成功的项目还是通过学习），并对正确的行为和良好的结果进行奖励。

达坎·马纳还举了一个关于决策和承诺的例子。这是他年轻时处于人生十字路口时学到的经验。当时，他要在两个差别很大的选择之间做出抉择，他知道，任何一个抉择都将在很大程度上影响自己的未来发展。面对这个重要的决策，他纠结不已，于是向一位尊敬的长者咨询建议，看哪一条路更好。

我永远不会忘记他所说的，从那时起我就一直听从他的建议。首先，他指出两条路都很优秀，实际上区别并没有像二者显示得那么大。随后，他说我真正的问题实际上不是选择哪条道路的问题，而是要确保不管选择哪条道路，我的决策都是正确的。我从此知道，你选择哪一条道路其实没有那么重要。自己应当努力工作，让自己选择的道路成为正确的一条。

个人和团队的承诺

古代中国，在反抗秦朝的战争中，项羽将军在渡河之后凿沉了战船，仅带了3天的口粮出征，目的是激励士兵打败实力远超自己的对手。尽管这可能并非很好的风险管理案例，如今自然也不会有人建议将其作为激励手段，但是他破釜沉舟的行为展示了承诺和决心。

2009年，道富银行举办了一场新闻发布会，宣布其在未来5年内希望节省5.75~6.25亿美元。采取如此勇敢而果断的行动需要强有力的领导，这项公开承诺让整个公司活力十足。公司的高层管理团队和每位员工都接受了这项挑战，共同努力以实现承诺。

如果想要公司集中力量，共同完成一项重要任务，创新型的领导者也必须采取类此方式，以身作则做出承诺。正如马伦上将此前所说，领导者应当是最先承担风险的人。

在道富银行工作的早期，我就承担了这类风险。当时公司并没有持续可用的网络体系，网络拓展和维护成本高昂。尽管当时这套体系可以满足公司的业务发展需要，但我知道，在把影响控制在最小范围的前提下，这套体系的服务能力还有待提升。

我成为一项可视化网络技术的拥护者，尽管当时有些人认为，对于大多数大型公司来说，在公司层面或全球推广应用这项技术还不成熟。连我的部分团队成员都不支持这个想法，除非大获成功，否则这项技术的推广将带来大规模的不利影响。

公司将使用这套网络的各部门主管召集在一间会议室，讨论这件事情。在看过咨询公司提供的报告后，会议小组认为，这个项目资本投入过多，投资收益不足，而相关风险过高。除我之外的所有主管都认为，公司并没有必要在这套网络上投入资金。

我并没有被说服。尽管我认为咨询公司的报告数据是错误的，但我并没有与会议小组争辩或者表示对他们决定的愤怒。就像达坎·马纳和汉尼拔一样，我坚信，“总是有路可行！我们要找到出路！如果没有，那我们就自己建一条！”因此，我平静地离开了会议室，在除我之外的所有人看来，这件事情已经结束了。

离开会议室之后，我直接去见我的上司，道富银行的首席信息官乔·安东内利。我敲了敲他办公室的门并走了进去，然后就开始问一些尖锐的问题。

“乔，如果有与网络相关的问题，你会给谁打电话？”

他指着我说：“你！”

于是我问他：“如果你会打电话给我，那是不是只有我才能做出这项网络战略决策呢？”在他答复之前，我继续问道：“为什么这项决策的制定，是由那些不对网络系统负责的人做出，而不是由你打电话的人决定呢？”

乔看着我说：“团队认为，对整套网络体系进行改造升级的风险和影响太大。”显然已经有人向他报告过了。我回答说：“他们的担心自然不是没有道理，但我们可以采取措施来降低风险。”我解释说，我的目标是建立一套持续可用的网络体系，并为未来的业务增长预留空间。我请求乔允许我带队进行仔细研究，看我们是否可以完成这项工作并为公司节约成本。

乔问我需要多长时间。我想了一会儿，回答说：“大约需要 90 天。”随后我补充道:“我打赌，我们能找到一种方法，这种方法与咨询公司预测的费用相比，可以节省3倍以上的成本。”

他然后问我:“如果我批准这项研究，你能保证可以找到节约成本的方法吗？”

我回答说:“不能，我不能保证，但我很有信心。”

乔边笑边半开玩笑地抱怨道:“好吧，但如果你想打赌的话，你总得赌点什么吧！”

我快速思考了一会回答道:“好吧。我赌自己的工作。如果与咨询公司的预测相比，我的研究最终没法节约3倍的费用，你可以解雇我。”

乔笑了,告诉我说这个赌注不错。他把日历往后翻了90天,并在上面写道,“在90天的研究结束后，如果毛正行没法找到她承诺的成本节约的方法，那她就会被解雇。”

我们都对这个赌注比较满意，笑着握手为证。

我需要指派一个人负责这项研究工作，这个人应当客观公正并值得信任。我要求一位直接向我报告的经理负责这项研究，尽管他并非网络项目的总经理，但他在某业务单元的服务提供领域积累了丰富的管理经验。他将与全球的研究团队展开合作，团队成员包括财务人员、采购人员、公司的网络工程师以及公司相关部门的全球代表。

该团队立即投入了工作。随着90天的截止日期日益临近，团队还没有向我报告他们的研究成果。我开始担心，自己可能无法按时提交研究报告。我也开始怀疑,也许自己此前承诺的成本节约额度过高。我琢磨着,乔真的会开除我吗?

当我向研究团队的主管询问研究进展时，他回答说:“我们在预计的费用节约方面出了一点问题。”之后，我真的开始担心起来。

“你们找不到节约成本的方法吗？”我问道。

他笑了起来。“不是这样的——节约的成本是一个天文数字。我认为我们的计算可能出了问题，我已经要求团队把数字再次确认一下。”

现在我也激动起来，并让他赶紧复核一遍。我们把包括财务、采购和工程人员在内的团队召集在一起，对该项目进行共同审核。我们仔细核对了一遍数字，并做了几处修正。做完这些，我们发现，这项研究节约的成本是咨询公司预计的 9 倍之多！自不待言，我感到一阵轻松，整个团队也因为我们的研究成果而激动不已。我们知道，可以把研究结果报告顶头上司乔·安东内利了。

预先确定的会议日期最终来临。整个团队都很兴奋，但表面上我们都努力保持冷静，不想让乔提前知道。我让项目主管回顾一下整体研究情况，要求财务人员确认一下数据信息。在汇报结束时，乔对结果感到相当意外，也很高兴。他告诉我们，要准备向公司首席执行官罗恩·罗杰汇报。我们再次进行了汇报，罗恩的反馈也很积极。他认可了我们的研究成果，并立即批准了这个项目。

当我们完成这个项目的时候，每年节省的费用是咨询公司预计的 12 倍，与我和乔的赌注相比，整整是它的 4 倍！新的网络技术拓宽了公司的业务范围，公司网络的稳定性、便利性和处理能力大幅提高，这同时也为公司全球范围内的业务加速发展创造了条件。

而我也保住了自己的工作！

承诺的时机

我曾经对自证预言（意指人会不自觉地按已知的预言来行事，最终令预言发生）沉迷不已，根据这个说法，人们对未来场景的想象将在未来变成现实。我认为，这一概念在创新领域更加适用。如果我们满怀信心，做好迎接挑战的准备，把困难视为成功的必经之路，那我们最终必将取得成功。根据这种方法和思路，一个高效的团队成员会把目光聚集在未来的目标和自己可做的工作上，而不会因为环境不利而心生动摇。

在传统的西方婚礼上，如果有人认为双方不应结合，就要“现在就说出理由，否则请永远保持安静”。按照同样的方式，在做出承诺之前，让大家根据事实情况提出反对意见和关注的问题，这已经成为一种标准流程，也融入了西方文化之中。人们只有让别人听到自己的想法、看到自己的成果之后，才会做出承诺。当然，如果我们事先试图解决每一个问题或满足所有需求，那就可能面临风险，丧失了继续前行的勇气。相反，如果对别人不屑一顾，那我们的承诺也将难以达成。领导者必须精心维持一种平衡状态，仔细认真地聆听他人的建议。即使出现重大问题，也并不意味着一定要停下前进的脚步。这些问题通常是一些“风险”，可以在持续发展的过程中主动管理。一旦双方能够理解彼此的需求、兴趣、关注点以及能力素质，并针对这些情况制订出计划、方案，那一个真正的承诺也就达成了。

整体策略和方案规划一旦到位，领导者就有权要求每位团队成员提供支持，做出承诺。在这个过程中依然可以提出建议，也要随时应对可能出现的各种问题。但对做出承诺的团队成员来说，他们需要对遇到的问题负责，并尽可能地去解决问题。

下面这个成语是我母亲最喜欢的名言之一——先发制人，每当我认为要及早采取行动，以避免情况难以控制和趋势难以扭转的时候，我总是会想起这句名言。

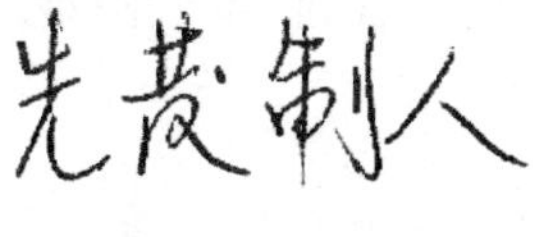

做出创新承诺的时候，时机选择十分重要。如果我们做出承诺的时间过早，或者引导他人做出承诺的时间过早，可能会因为问题过于琐碎、难以整合而比较失望。而如果做出承诺的时间过晚，我们想涉足的道路可能已经拥挤不堪，我们根本就没办法走在前面，也无法大步前行，或者让自己引领行业风向。

正确选择自己和团队做出承诺的时间，基于项目在公司整体战略中的定位。如果有必要，还要在恰当的时点进行项目推荐。公司管理者或管理委员会最终对项目的资金和人力资源投入做出决策，在争取项目预算的过程中，如果项目推荐的时间过早或过晚，或者没有考虑其他项目的影响，都会极大地降低我们的成功可能性。

高效的领导者要明白如何以身作则，如何带动他人参与，鼓励他人做出承诺。在创新之路上要坚守承诺，但与此同样重要的是，坚守承诺并不应当与顽固不化混为一谈。实际上，二者存在明显不同。对于创新过程中的新创意、新知识和新变化，领导者及其团队应当保持既坚持又灵活的态度。

下面让我们转向与承诺这一法则相联系的有效性水平，在风险框架下来阐述这个问题。

承——有效性水平

◆第一层次：规避风险

在第一层次，我们对于风险过于谨慎，以避免失败时尴尬或难堪。我们无法把个体风险和公司风险区分开来，在我们看来所有风险都是个体风险。通常我们会加大赌注而不会随时调整，当面临重大困难或即将到来的“失败”时，我们很难保持镇定。

◆第二层次：风险最小化

在第二层次，我们愿意考虑做出改变，并开始采取有针对性的行动，但我们更加注意规避风险。我们意识到了创新项目大起大落的特征，当形势不利时我们不会一走了之。当出现困难时，我们将勇敢地冲上去——不再后退。我们更加果断和值得信赖。

◆第三层次：管理风险

在第三层次，我们知道如何管理业务和财务风险，能够利用经验、快速试错以及其他方式显著地降低风险水平。我们承担的风险是“精打细算”的，而不是刻意规避的。我们把自己置身于风险管理的一线，通过承担个体风险来激励他人，让他们可以放手创新。我们将会预计可能出现的困难，只做出较低的承诺，并总是努力实现更高的目标。

承——将法则付诸行动的具体步骤

个人

作为创新者，我们通过把自己置于创新一线，承诺改变现状。实际上，我们要勇敢地站出来，大声地说：“我认为我们能做得更好，这就是我想尝试的创新的方式。”每次提出一个新的创意时，我们不用拿自己的工作或职业生涯作为赌注，但要清楚说明的是，我们愿意承担适当的风险。之后，我们就能更好地争取公司、团队的支持和承诺，这是我们顺利开展行动的基础。

团队和公司

团队和公司承诺进行创新，是通过为员工营造具有包容性的文化氛围来实现的，这种公司文化十分欢迎新的创意，而且相关人员能够清醒地意识到，并非所有的创意都会有所收获。这要求公司在流程管理、风险控制和其他文化构成要素中做出改变，唯有如此才能引导员工的创新行为。团队和公司要认清两类行为，一类是公司当前鼓励的“开发成果”，另一类是公司当前惩罚的“失败案例”。如此员工就能重新划分这两类行为，达到更好地营造创新文化氛围的效果。通过改变公司文化导向，推行创新管理举措，团队和公司就能向外界传达自己鼓励创新的承诺。

• 如 • 何 • 承 • 诺 •

※ 要保持激情，激情能够引发承诺，促使人们持之以恒。

※ 一旦选定道路，就要全心全意地投入。

※ 要谨慎承诺，承担适当的风险。

※ 要做出承诺，并争取团队和公司的支持。

※ 要对资金、人力、资源、支持、盈利等情况做出承诺。

※ 要对功能、特点的改进成果做出承诺，并设定合理的时间期限。

※ 要勇于承诺，但要记住，与过高的承诺相比，低承诺、高成果显然更好。

※ 要做出承诺，但要保持开放的心态。要允许别人随时提出问题，改进创意。

※ 要做出承诺，但要保持灵活性。要注意形势变化以及意料之外的事件，这些情况可能需要进行更加深入的研究。

※ 要听取他人意见，承诺并非独断专行。

第七章 行

行

日本有一句谚语，是说行动的问题，也就是我们下面将要讲的主题——行，这句谚语是：有愿景而无行动属于白日做梦，有行动没有愿景则是一场噩梦。

我们都认识充满想象力的人士，对于事物应该是怎样的，他们有很好的创意，对于事物实际如何，他们也有深刻的理解。鉴于对事物的起点和终点都很熟悉，他们能够清晰地勾画出可靠的蓝图。同时我们也认识一些非黑即白的人士，在前进的路上他们更有可能会迷失方向。对未来有着深思熟虑的蓝图规划的人，能够带领公司远远地走在前面。对于那些对当前情况有着现实认识的人来说，他们很少纠结，因为在前进的道路上，他们只需要与别人齐头并进就行了。

约翰·汤普森是一位十分成功的IBM前高管，也是赛门铁克公司的前任主席、首席执行官和总裁，如今是虚拟仪器公司的首席执行官，当我问他，能给有志于创新的人士提供什么建议的时候，他说的话与这句日本谚语很相似。他告诉我，他首先建议创新者们绝不要停止梦想。随后，他说自己可以告诉创新者的是，“创新与梦想相关，但绝不要以为，仅仅拥有梦想，创新就会自动实现。创新者也需要脚踏实地地执行。梦想广阔而又执行上佳的人，终将成为行业最为成功的人士，这一点毫无疑问。”

高效的创新者知道，自己或团队需要具备把愿景和行动结合的高超技巧。他们也需要了解提高执行效率的重要因素——质量和时间。他们知道，对二者不应偏颇，而需要保持平衡。

行

在汉语中，“行”字读二声，作动词时表示“去做某事”“行走”的意思，而作名词是“行为”的意思，是表示执行的象形文字。“行”字的左边部首是“彳”，代表两个人；“行”字的右边是“亍”，表示回转，也就是运动的意思。“行”字可以组成许多词语，例如“执行”，意思是“承办”，或者“进行”，表示处在开展某项行动的过程中。“承办”“进行”这两个词都可以用来表示更为具体的行动，这些行动与业务方案的执行、必要的劳动分工等存在联系，正如我在前几章所说的，本章后面我将会对他们进行更详尽的介绍。

注：象形文字是对物体的视觉再现。我的汉语名字就包括“行”字。父亲用广东话念作“heng”，而不是普通话的“xing”，很明显父亲是希望我成为一个果断的孩子，也就是一名能够“执行”许多方案的人。

满足宇航员所需的最高标准

我的职业生涯之初，是在IBM担任技术研究员工作。当时，IBM与美国宇航局正在合作，IBM为其提供技术支持和软件设计。我运气超级好，被分配的工作是为美国宇航局的最后3次双子座探索提供软件支持。我的丈夫韦纳尔就是在那时和我认识的，我们共同参加了这个项目。作为年轻的研究员，能够参与这么一项重大的任务，我们都感到无比荣幸，也面临着巨大的压力。这个项目的经理曾经为所有宇航员进行培训，当和他开始工作之后，我真正意识到了这个项目的重要性。他告诉我，如果我们的软件产品出现问题，就可能导致极其严重的后果。失误不仅会严重损害美国的全球声誉，甚至还可能导致宇航员失去生命。这项重任让我既担心又兴奋。

在设计程序的过程中，我孜孜不倦地努力，目的就是为了实现零缺陷。我的任务是为双子座探测飞行设计机载计算机代码，我丈夫的具体任务是开发地面模拟的电脑主机程序。我们的数据计算要求准确度达到小数点后15位，而且绝对不能出现任何差错。我和我丈夫的程序都有相同的结果要求——那就是小数点后15位的准确度。

面对这些超高要求，加上严格自律，我们逐渐成长为更优秀的研究员。我们决心开发出零缺陷的软件程序。这些经历让我知道，为什么零缺陷的设计标准是如此重要，而我们最终也有能力做到这一点。任何一次太空航行中，如果出现问题，对相关各方声誉的影响之大，对生命和金钱的耗费之高，都将是无法估量的。因此，我日以继夜地工作，确保自己的软件程序能够提前完成并万无一失。由于早期受到的这些培训，我踏实地坚持同样的法则，并将其贯彻我职业生涯的始终。

零缺陷执行

可承受的快速失败这个概念，我们在前面的章节中提到过，人们有时对这个概念存在误解。我曾经见过，有的团队在开发项目时，错误地运用了这个概念，他们认为，创新理念与质量控制是相互冲突的。我并不认为这些团队是故意拿质量问题做借口，以便更快或更省地完成工作。但他们却对提高执行质量毫不关心，甚至都没有质量的概念，而是认为创新就要一厢情愿地“不管后果如何先做了再说”。换句话说，团队希望打破规避风险的传统观念，因为后者通常会减缓项目的进展速度。但他们采取的方式是降低质量标准，结果就导致了执行效果一般。这与“接受失败”存在天壤之别。如果犯了可以预见到的错误，那我们就是在浪费时间和资源，我们也会失去支持和信誉。如果能从中学到新的知识，那失败就可以接受，而因为忽略了以往的经验教训导致的失败，则不可接受。可以接受的失败，事关我们眼界的提高，而非我们水准的降低。

许多人认为，零缺陷执行是不可能完成的任务。实际上，这确实并非易事，但我们应当将其作为努力的目标和方向。同时，我们也要客观看待“方案的成本和收益”，以此作为指导法则。有时候，对于方案出现问题需要付出的成本以及零缺陷的费用，要想对二者进行比较，这依赖于我们的主观判断。比如对于飞机来说，我们当然希望它是零缺陷的，我们不会希望自己乘坐的飞机仅满足于六西格玛的缺陷率。

只要朝着最终的目标不断努力，有时候就能实现零缺陷的执行效果。当无法做到的时候，我们可以反思原因，并加强对新知识的学习。做出零缺陷执行的承诺，会让我们做好当前的工作，更会让我们在未来不断提高。

零缺陷执行不仅适用于各个项目、各项操作，也适用于各类型业务。就像蔡明昊指出的那样，在某些情况下，执行中的缺陷很容易看到，也极易传播；而在一切运转正常的时候，其效果也会立即展现，人们会立刻感受到满足和舒适。

> 每一天，我都知道我们经营得有多好。昨天我听到有人说，这是一家很棒的餐厅，这样说的既有顾客，也有评论员，到处都在说。今天我还不知道，因为还没有到晚餐时间呢！因此我们又有表现机会了，这就像百老汇一样。开始营业时我们总是说：“好戏开场啦！”当灯光亮起，你的脸上洋溢着笑容，表现更加突出，服务更加到位，饮食更加可口，时机把握更好，烹调更加美味。这一切都是活生生的。作为一名厨师，这种感觉无与伦比——一切都是鲜活的，这就是百老汇。如果你跌倒了，或者把事情搞成一团糟，或者忘记了菜单，那人们马上就能感觉到。厨房也是这样，如果饭菜煮糊了或者夹生了，果蔬过季了或者还不熟，洒了酒，不管是什么情况，人们也能马上看出来。但如果一切都运转良好，那顾客马上就能得到愉悦的享受。在紧张的工作压力之下，如果你表现很好，工作运转顺畅，那体现的就是世界上最动人的工作场景。

需要指出的是，零缺陷执行并不意味着“毫无缺陷”，而是说对客户和业务“没有负面影响”，这一点十分重要。也就是说，要确保即使出现问题也不会引发混乱。以IT基础设施行业为例，我们构建的解决方案能够提供长期持续的后援保障。在这种设计模式下，像硬件故障等不可避免的问题，我们都纳入了考虑范围，并构建了补偿机制，出现问题时能够立即接管，避免了服务中断的问题。同样的法则和规划，我们也能在各个项目上推广开来。例如，我们时刻都准备着非常完备的替代恢复方案，以防止执行过程中出现问题。有时候，我们一半的方案都是为了应对数据回转和恢复问题。

多年之前，我领导的道富银行团队在欧洲介绍了公司的21世纪技术基础设施规划。这是一个跨年的长远规划，包括要在伦敦的新办公地点建立地区数据中心。该数据中心配备了最新的 IT 基础设备，专门服务于公司的全球科技发展策略，满足公司服务器、存储、网络及其他基础设施建设的要求。建立这样的一个数据中心，需要做大量的工作，并进行系统规划，全球 300 多位基础设施领域的专家参与了这个项目。如今，这个具有里程碑意义的项目依然保持着领先地位：伦敦各地超过 1 800 名员工全都搬到了这个新的总部基地。除了要把员工的电脑、系统、交易大厅环境等搬到新的办公地点，面对分布在 6 个数据中心的数百项不同的业务申请，团队还需要把它们整合到这个新建立的地区数据中心来。这些数据申请，是由道富银行 14 个地区的上千名员工负责的，涉及与网络直接联系的上百名客户。

我们实施这个项目的目的，是为了在对终端用户毫无影响的情况下设计和推行一种新的运作方法，这些终端用户包括员工和客户，他们甚至没有意识到我们进行了这种转换。之所以能做到这一点，是因为我们分析了公司的业务流程，深刻理解了公司的业务模块（包括员工、申请、数据设备以及其他）及各模块之间的关系。这为我们制定整体的迁移方案、流程安排和数据测试做好了细致的准备，也让我们做好了应急方案，为需要时确保数据转换奠定了坚实的基础。按照计划，在没有发生一起中断事故的情况下，团队成功地将全部 1 800 多名终端用户、数百项业务申请以及上百位客户数据进行了迁移。

尽管并非所有创新项目都会面临如此复杂的技术和后勤问题，但有些项目确实会遇到某种类型的复杂问题。我认为，面对这种复杂局面时，创新者的应对策略往往会决定他们在多大程度上获得成功。举例来说，有些人就因为复杂形势而迷失了方向。如果不计后果地向前发展，取得的进展将会极为缓慢且效率低下。也有些人故意忽略复杂的形势，如果有人提及，则只会惹来他们的愤怒。这些人更喜欢提前布局，然后就让一切听天由命了。

我发现，最为成功的创新者，是那些既认清现实又满怀信心的人。他们并不指望自己就能解决所有的复杂问题。相反，他们通过组建团队、制订方案来应对这些问题。他们订立很高的业绩标准，并要求团队成员制订方案，来解决可能遇到的风险及质量问题。他们把这些整合成细致的操作计划和应急预案，并向整个项目团队和所有利益相关者进行说明。也就是说，高效创新者的目标，就是零缺陷执行。

快速产生价值

质量只是零缺陷执行核心要素的一部分，而时间要求则是另一部分。时间要求并不仅仅是指要按时完成工作，它还要求具备紧迫感，快速高效地体现出工作价值。不管什么工作，越快地体现出业务价值，效果就越好。世界发展之快前所未有，当人们完成某项工作时，他们希望这项工作能够立即完成。技术人员要具备公司要求的响应能力。这就是快速产生价值十分重要的原因所在。如果你能迅速完成自己的那一部分工作，那公司就能够立即将其投入运营。随后，我们就能在发展过程中进行调整，而不必等到项目整体完工。

在创新过程中，如果我们的目标是建立竞争优势，那速度的重要性就更加凸显。很显然，我们不能为了追求速度而牺牲质量，但我们有大量的工作要做。

首先是要把项目分解成几个阶段，每一阶段都能快速产生价值。这与传统的项目规划和实施有所不同，对传统项目而言，只有在各部分全部完工整合之后，才能产生价值。而快速产生价值，要求在项目执行的每一个环节，都要向客户提供价值，并为下一阶段的业务打好基础。这种区别十分重要，现实的案例也比我们预期的要少。实际上，人们即使制定了清晰的目标，进行了整体规划，也有可能通过传统的方式来实现价值。人们脚踏实地地向最终目标前进，但采取的方式并不能立即产生效果和实现价值。采用传统方式，看起来可能会更快、更简便可靠地达成目标，但现实情况却往往并非如此，总是会出现预料之外的复杂情况，有时候事情的变化甚至会推翻我们最初的假设。短期的发力能够迅速体现方案的价值，保持赞助商、客户和其他相关人士对项目的热度。随后每个阶段的工作，就成为下一阶段的基础，最终一步步实现目标。每个阶段都可以做出改进，我们制定的策略也在持续不断地得到验证。

通常，我们都希望项目能以最快的方式取得“开门红”，并能够站稳脚跟，为客户提供现实而有价值的服务。这种服务既可能是我们向所有客户提供的特色服务，也可能是向一位客户推出的全新功能。服务的价值高低并不重要，关键是能否迅速地提供看得见的商业价值，随后这就成为那个阶段的服务内容。

充分利用可视化技术，一直是我们公司蓝皮书策略的基本组成部分，对于公司21世纪技术基础设施规划蓝图也至关重要。根据这一蓝图，我们采取了小规模但影响深远的措施，充分利用每一项前沿技术的成果。例如，当一种新型存储可视化技术出现时，我们决定利用这种技术来处理所有的非结构化数据，像公司邮件和个人文件存储等。由于区域存储中心的数据管理和恢复难度很大，运用这种技术我们可以加强对数据中心的整合管理，并把它们存储于公司或区域性的数据中心。

最开始，我们先在波士顿地区建立了一个数据中心和几处存储基地，以便验证我们的方案并展现其价值。方案取得了巨大成功，各种便利短期内就纷纷体现了出来：节省了数据中心的空间占用，降低了使用费用，减少了技术和设备成本，压缩了人工成本，在全球范围内提高了对新业务和监管要求的响应速度。在完成这一阶段的工作，方案价值展现出来之后，我们继续在全球范围内把这项方案推广开来，将其应用于所有存储中心、各数据基地。

要想选择合适的项目范围，需要我们参考历史经验做出判断。但我发现，即使很有经验的人士，最开始选择的范围也可能远远超出了必要的水平，这会导致更大的风险，提高复杂程度并带来无谓的延迟。

我经常见到项目中出现“范围蔓延”的情况。每次客户或者用户提出建议，项目组不区分优先度，就将其加入待完成清单。在这种方式下，项目的范围迅速扩展，很快就超过了最初的规划。解决这个问题的关键，就是要根据业务的重要性程度，把清单上的客户建议按照优先程度进行分类，然后分阶段落实。很显然，项目要保持一定的灵活性，以防止业务需求发生变化。这种范围管理要求我们具备良好的判断力，并与客户和项目团队进行充分沟通，保持专注也十分关键。此外，我建议，创造价值的时候，首先要考虑最节省、最简单的方式。做到这些可能就足够了。

确定了项目范围之后，对于项目运作的当前表现或价值创造能力，我们希望能够进行一次基本的评估。当然这并非总是可行，尤其是在我们实施一些全新项目的情况下。但正如在“提”那一章所说的，我们应当努力对“此前”的业绩进行评估，只有这样才能与“之后”的表现进行更好的对比。要想展示项目价值，那么新方案必须优于老方案。只要可行，对于客户希望、期待或者愿意为之付款的项目，我们就需要事先对其价值进行量化。通过这种方式，我们可以相应地对项目目标和资金投入进行匹配和调整。

一旦最终确定了项目范围和评价标准，我们就能够通过快速试错的方式对之前的各种假设进行测试，完成概念自证，验证我们采用的工作方法是否正确。快速试错意味着给创意实施提供机会，但在这个过程中，要注意把前期投资控制在最低限度。通过这种方式，我们就不会浪费有限的时间、精力和资源。快速对创意进行测试，我们就能够确定或否定前期的重要假设，随后接受并整合创意，或者转向下一个投资目标。

在道富银行，为了做到这一点，我们建立了一个创新实验室。在这个实验室，多家科技公司免费向我们提供 30~90 天的时间，让我们能够对新技术进行测试。我们无须购买，就能迅速评估新技术的价值，用以衡量其对公司业务发展的作用并提供相关信息。

快速试错方式的推广，也能鼓励那些创意十足的人不断尝试，因为他们知道，自己的创意有得到展示的机会，即使这个机会给予他们的时间很短。但创新者永远不应忘记，尽管快速试错提供了快速失败和快速学习的机会，并将前期投资控制在最低，我们在进行快速试错的时候，也要把实现项目目标作为根本目的。例如，快速试错并不意味着，我们对那些一次性的解决方案有什么偏好，我们的目标是将前期投资成本控制在最低，而不是胡乱浪费！只要明确了方向，那我们采取的每项措施都是对未来的投资。即使在前期的实验阶段，我们也要以最终目标为努力方向，只有这样，才能在加快项目进展速度的同时，把成本控制在最低。

在实施整个项目的过程中，我们必须时刻牢记，时间就是一切。我认为，为了按期完成任务，除了投机取巧之外，我们要采取一切必要的措施。这可能要求我们排定优先顺序，并临时忽略一些不太重要的功能，但事后要迅速弥补。当与客户和股东对这些工作的得失进行权衡的时候，我们通常能达成一致意见。

此前，我们引入了新的系统，但新系统无法在流程周期内生成所需的报告资料，原本我们预计在凌晨 3 点生成报告，但系统整整延误了 45 分钟。为了达到运作要求，我们需要一定的时间对系统进行调试。因此，我们就问业务部门，他们具体几点需要这些报告，他们回答说早上 6 点。因此我们就重新协调了生成报告的时间，最终定在比凌晨 3 点晚一些的时候，因为在此之前，没有人真正需要这些报告。

与此类似，我认为，对速度的重视，不应当让我们忽略别人的感受或想法，这一点也十分重要。我们应该抽出时间来听取别人的合理建议，按照绝大多数人可以接受的方式，采取建设性的措施来解决这些问题。

我们也不能以加紧完工的名义，来拒绝项目实施过程中萌发的新创意。

对于创新，我们要一直采取鼓励的态度，如果当前没有时间对其进行测试，那就应当记录下来并在随后进行研究，就像对于那些不太重要的功能，可以在主工程完工、系统运营走上正轨之后，我们再加以弥补一样。也就是说，一个高效的创新者，能够在不影响完工时间的前提下，既能发现问题，也能看到机会。

范围管理是一项重要的法则，也是高效人士的标志。优秀的范围管理能让我们正确区分质量和完美的区别，前者是我们的目标，而后者是我们通常难以实现的梦想。质量是指在我们允许的范围内实现零缺陷；完美则超出了我们的能力范围，力图实现超出我们当前能力的目标。要超越现状并没有什么问题，除非这样做危及或者影响我们实现目标。作为一名高效的创新者，要确保团队成员专注于实现主要目标，同时在特定的创新阶段，要把可能影响完工成本、完工时间或增加复杂程度的附加因素，暂时搁置起来。

一个成功实施的项目还要着眼于未来，考虑新方案使用者的需求。产品和服务带来了相应的培训和教育需求，创新管理者也要将这些作为方案的一部分，这对于客户、销售团队和其他相关人员都十分重要，因为他们需要加深对产品和服务新特色的理解，只有这样才能更好地加以运用。项目开发者还需要跟踪用户友善度，并建立反馈机制，考虑将其纳入项目培训中。通过这种方式，他们能够迅速确定客户了解新产品或服务的难易程度。

整合执行的各要素

我总喜欢说："质量高并不是要求完美无缺，时间紧也并非慌乱无措。"作为创新者，我们应当树立这样的理念，认清其中的区别。我们也应当认识到，执行并不是完成计划那么简单，执行要求我们实现预定的目标。我认为，下面这句话很好地诠释了这个道理，“手术很成功，但病人却死了。”约翰·斯文森也列举了一个业内的典型案例。

使用过程是否方便和简单，这是区分创新成功和失败的主要因素。微软Zune播放器和iPod有什么根本区别？二者使用的技术大体相同，但Zune使用不便，因此人们接受程度相对较低，而iPod易于上手，因此人们接受程度更高。因为有更多的人使用，也就有更多的内容提供商希望把自己的内容放到iPod上，因此这就形成了一个良性循环。但这种情况在Zune身上从来没有发生过。

手段高超的创新者在执行方案的过程中，可以将其与客户和市场的需求紧密结合起来。他们把零缺陷执行和快速传递价值这两个法则结合起来，赢得客户的支持，激发他们的热情，不断完善自己的执行策略和工作方法。在策略和执行的互动方面，汤姆·门多萨做了一些有趣的尝试。

我经常有机会到斯坦福大学演讲，其中有一位商学院教授经常念叨的一句话就是：“你是喜欢完美的策略呢，还是更偏向完美的执行？”当然，如果父母付钱让你来商学院读书，你的回答会是：“策略！”但教授说，这种回答是错误的，因为如果没有执行，你甚至不会知道自己的策略是否正确。所以我认为，我们应当时刻保持清醒，知道什么事情一切顺利，什么事情遇到了问题，这十分重要。如果发现事情运转出现问题，我们就要问自己：“真正的原因是什么？我们完美执行了吗？”如果答案是“否”，那就需要我们在改变策略之前，先做到完美地执行。如果答案为“是”，而问题仍然存在，那我们就应当站出来表态：“好吧，我们需要做出改变。”

行——有效性水平

◆第一层次：徒劳无功

作为第一层次的领导者，我们制定的目标不是过高就是过低，我们不善于制定或管理项目的范围边界，很容易使问题过于简化或者过于复杂。我们很少了解客户的真实需求，甚至“深陷泥潭”，无法集中注意力实现预期目标。

◆第二层次：系统整合

在第二层次，我们采用标准的范式来界定和执行结构化的程序，并加强范围管理。对于客户的需求和满足需求的方法，我们都有现实的认识。我们总是勇于测试自己的各种假设。对于高效的项目、预算、问题管理流程，我们也能够熟练地设计并加以运用。

◆第三层次：加速发展

在第三层次，我们致力于在每个阶段都向客户提供实实在在的价值。我们时刻牢记，要争取快速实现价值，并脚踏实地。通过快速实验和快速试错技术，我们对前期假设进行测试，并利用各种衡量标准，有效评估、展示并庆祝取得的各项成果。

服务器验证流程

下面是一个简短却很有代表性的例子，说明了高效执行产生的影响。事情的起源是公司程序开发人员的不断抱怨，他们认为，在设备申请、系统安装、系统产品审批，以及将设备接入测试环境，以供开发人员使用等过程中，公司的技术基础设施团队对服务器数据进行“验证”的时间过长。在像道富银行这样大规模的公司，技术基础设施数量巨大，上述抱怨不是一个小问题，但事实还不止于此，这类问题总是在持续不断地重复发生。

当时的服务器验证流程要求程序开发人员先申请开发工作所需要的“环境”要求，申请得到批复之后，技术基础设施团队就开始了漫长的工作流程，为程序开发人员在服务器端做好软硬件准备。但在听取了部分内部客户的反馈之后，我让一位程序工程师对整个流程进行了检查，并对流程的效率实施了评估，同时评价整个流程对公司质量控制的影响。当阅读程序工程师的评估报告时，我们发现，在服务器验证流程中竟然有高达 108 个独立的步骤。更糟糕的是，这些步骤涉及多个业务部门，而且整个业务流程并没有一个单独的负责人。

我们最终归纳出流程存在的 4 个主要问题。第一个问题是 108 个步骤过多，这要花很长时间才能走完。第二个问题是各步骤之间都有等待时间。第三个问题是在 108 个步骤中，绝大多数都需要手动完成，公司没有引入足够的自动化管理设备。第四个问题是没有一个单独的业务部门拥有流程的申请和批复权限。这就意味着，申请可能会被长时间晾在一边，因为没有人对此负责，没有人会管理审批所花的时间。很显然，我们必须迅速采取行动。而作为创新者，我们从这个“问题”中看到了完善和提高的机会。

我们立即成立了全球团队，每个业务领域都有人参加。团队最初的目标是将整个流程所需的时间减半，并减少流程所需的步骤。为了实现这一目标，我们首先为服务器审批流程设定了权限，成立了由现有员工组成的新部门，并将其命名为服务器集成小组（Server Integration Services）。经过几个月的艰苦努力，小组成功地把 108 个步骤缩减到 52 个左右，提出申请到系统批复的平均运行时间降低了 50% 以上。随后，经过进一步努力，我们把服务器验证流程缩减到 25 个步骤。此时，我对团队提出了更高的要求，希望他们能设计一种模式，使得从申请人提出申请到审批完成并反馈结果的流程中，不再有人工干预的痕迹。团队最终设计完成了一种简便的服务器申请验证流程，无须人工干预，全部自动化管理，流程总计只需要一个小时。对于更为复杂的申请，审批时间缩短为几周，这与旧的审批体系相比是一个巨大的进步。

在流程审批中，我们继续使用了部分人工程序，目的是让他们监测每项申请，确保所有申请都能得到尽快处理。如果看到有导致流程减缓的因素，这些监测人员就会要求各部门加快进度。之后的大部分流程我们都实现了自动化，以进一步节省费用。

在实现了第一步目标之后，我们并没有就此止步。小组每完成一个阶段的工作，我们就会立即制定新的更高目标。最终，我们制定的工作目标是，无须人工干预，在一小时之内，完成从申请到服务器审批的全部流程，这个目标在计划之初简直不可想象。而正如我所言，对于所有简单的服务器审批申请，我们的团队最终都实现了预定的目标。

你从中可以看到我们工作的全部法则：注意聆听，确定业务需求和改进机会；以解决问题为导向；基于公司的成本压缩策略，确定行动方案；团队每完成一项工作之后，及时进行鼓励、宣传；与所有业务部门建立联系；承诺完成卓越的目标；最后，零缺陷执行，在节约成本、推进项目的同时，不对公司业务产生负面影响。

行——将法则付诸行动的具体步骤

个人

通过交流沟通、团队合作、制订计划、零缺陷执行和快速产生价值二者并重等措施，创新者可以成功应对各种复杂问题。他们与利益相关者通力合作，分析当前形势，设计可行方案，全面认识项目目标、质量标准和风险因素。

他们能够仔细确定目标范围，合理规划阶段性任务，以最快的速度让客户享受到可以取得的成果。他们利用实验的方式，结合“快速试错”的法则，对之前的假设和制定的策略进行修正。他们积极寻求衡量指标，并采取其他切实可行的方式对项目进行评估、宣传，在项目进展过程中不断改进工作方法和解决方案。

团队和公司

团队和公司可以结合零缺陷执行和快速产生价值的法则整合流程。当然，每一项法则的实现，都需要领导者首先设定标准，并向团队和项目成员做好宣传、沟通。然后领导者就能采取相应的措施，如在项目执行之前或之后对管理模式的变化进行事前或事后审查。对管理模式变动的事前审查，可以确保项目方案准确体现业务进展和风险状况。对管理模式变动的事后审查，可以使我们学习借鉴项目执行过程中的经验教训。团队甚至可以设置“事后预先”审查环节，这要求我们假定所有进程都可能会出现问题，并制定有针对性的应急预案。

• 如 • 何 • 执 • 行 •

※ 要有信心把梦想变为现实。

※ 激情能产生动力，带来积极的态度，要有决不放弃的信念。

※ 要重点关注能够体现结果和实现承诺的事项。

※ 要以共同的目标构建最好的团队，每个人都要“胸怀使命”。

※ 要追求“零缺陷执行”，提高业绩标准，始终朝着更高的目标努力。

※ 要将每个项目分成几个小的阶段，不断追求短期可实现的目标。

※ 要注重核心目标，规避意外情况。

※ 要持续关注核心目标，避免因不重要的问题而分散注意力。

※ 对于不可预见的情况，要保持适度的弹性，做出正确的判断，制订替代方案。

※ 针对每个项目 / 方案，订立事前、事后的目标基准。

※ 实时评估、展示和庆祝取得的各项成果。

第八章 變 变

我们经常把变化与生物进化论联系起来。后者正如我们在学校所学，主要受基因突变、自然选择等因素的影响，而且要经历漫长的时间积累。当把这个词汇用到创新上的时候，其含义存在很大不同。首先，创新这种变化并不是发生在我们自己身上的，它是由我们创造的。其次，创新不能花费过于漫长的时间，否则我们根本等不及收获创新的成果。最后，创新也不是让我们更好地适应周围的环境，创新是试图去改变我们的生存环境，这个过程无休无止。

当与大家谈起我称之为“变”的法则时，人们有时会问，我是否认为即使创新者也对变化有一种“天然的抵触”。但正如前面章节所说，我实际上并不认同“天然抵触”变化的说法。我认为，抵触情绪的存在是有原因的，对这些原因理解得越透彻，我们就越能更好地解决问题。此前我已经提到过一些原因，比如失败风险、自满情绪以及沉迷于之前的成功等。

但是，我确实相信创新者本身也会抵制变化，我见过这种情形。有时候，对于之前取得的巨大成就，我们感到十分满足，以至于忽视了改进的需要。因为看不到这种需要，我们也就不会去主动寻求改变。我曾经见过创新者沉迷于某一特定的新创意、新方案或者新方法，以至于根本不愿意去考虑其他更好的选择。像其他人一样，创新者也有“深陷泥潭”的经历。本章将会讲述一些看法和建议，帮助我们与自己、团队和公司的陈旧观念斗争到底。

變

中国文化对宇宙的看法是，事物是在不停变动，或者变化的。唯一确定的是，变化是不断发生的。“變”是善治的核心。

“變”这个字读去声，包括声旁“言”以及两边表示丝线的“絲”，合起来读“lián”，然后置于表示“斗争”的字上面，共同组成了“變”字。变化是复杂的，也是困难的，要付出很大的努力，有时候争取快速是最有效的方式。或者反过来说，有时候变化会迅速“发生”。因此，领导者必须为变化做好准备，要不断改变，要制订多套行动方案，这样才能有效应对可能发生的各种情况，或者当时机成熟的时候，推动形势变化。

超越成功

即使当个人和公司全力支持并积极寻求改变的时候，挑战仍然无处不在。这听起来可能与直觉不符，但成功经常减缓公司前进的势头。对于如何正确对待今天的成功，以免不经意间种下失败的种子，蔡明昊给出了有力的解释。

当你一旦到达某种境界，不见得是顶点，但却是一个你自己很喜欢的位置，一定不要就此停住，不思进取，其原因在于，至少有另外十个人也很喜欢你这个位置，相信我！而这时创新可以发挥作用，你必须不断地创新以保持优势。10年来蓝姜餐厅运作得很好。我们会说："好，让我们继续创新吧，再增加一些包房和一个新的酒吧。"当增加了新的休闲酒吧之后，我们的餐厅营造了全新的休闲氛围，人们不用预订就能直接进来，穿着牛仔裤和短裤，只需要半价，就能享受在蓝姜餐厅的用餐时光。包房的设计更加正式。我们接受婚宴彩排，公司也可以在这里举行正式的晚宴，等等。这些都是很棒的创新，并再次使蓝姜餐厅声名鹊起。对于蓝姜餐厅，有人撰文记录，有人谈论不休，也有人口口相传。这是一种很好的方式，提醒人们注意蓝姜餐厅的存在。

10年可是一段很长的时间……在韦尔斯利和波士顿，我们可能都是最好的餐厅，但吸引顾客再次回来就餐依然很有必要。在波士顿，每个月至少有5家新的餐厅开业，但这与纽约相比不算什么，纽约每个月大约有50家餐厅开业。你需要知道这些，而不能忽略掉，如果只是说："好的，我们是最好的。"那你的领先位置可能保持不了多久。

不幸的是，许多曾经很优秀的创新型公司却跌入这个陷阱，它们没有意识到，当前能给公司创造战略价值的业务，可能明天就不适用了。说到这里，柯达公司和百事达公司的例子立即浮现在我的脑海里，它们分别曾经是胶片制造业的领袖和视频巨头及DVD（数字多功能光盘）零售商。当然，柯达公司错过了数码摄影的发展，而当流媒体革命冲击到来时，百事达公司很快变得不堪一击。我们可以把这些公司与亚马逊或者IBM做一个对比，后者始终密切关注着未来的发展，从没停止创新，并持续推动自身改革。

在团队和个人身上，在已经实现预期目标的公司身上，都可能存在因为成功而放慢了前进步伐的情况。在这两种情况中,曾经的方案可能都产生过业务价值,并提高了竞争优势，但这种状况很快成为新常态。如今，对于这些团队和个人而言，在他们已经实现的成就基础上做出任何改进，其艰难程度就如同要替换他们之前大获成功的方案一样。人们普遍的态度是:“公司刚刚解决了这些问题,不是吗？现在让我们静下心来认真工作，不要一遍遍折腾了。”也有人可能会说:“你看，我们这里是支持创新的，如今一切都完成了，让我们回去真正做事吧。毕竟，我们已经解决了这个问题，我们的做事方式已经发生了改变，比以前更好了。新方法更加高效，成本更低，功能前所未有，那现在为什么还要改变呢？”

NetAPP公司副总裁汤姆·门多萨指出，领导者要杜绝公司内部滋生骄傲自满的情绪，高超的提问技巧能够帮助他们做得更好，通过提出问题，领导者可以鼓励下属，让他们不断思考如何发展，而不是陷入自满的泥潭，错误地认为“足够”就是“足够好”。

> 优秀的领导者引导员工切实研究解决问题的方案。高超的提问技巧是指，你并没有盛气凌人，也不是简单说教，而是要让对方明白，你希望得到一个深思熟虑的解决方案，而不是一堆让人感觉不错的计划，因为仅仅感觉不错是不会产生创新的。感觉不错还会导致自满。公司可能拥有一项稳定坚实的业务，你想做的就仅仅是收获这项业务的成果，但如果想继续成长，你就需要不断地创新。你要积极拥抱变化，事业如逆水行舟，不进则退。如果保持不变，那你其实就已经退步了。

在营造持续创新的环境、推动创新不断发展的过程中，领导者扮演着十分重要的角色，尤其是在团队成员正在享受来之不易的成功时，这种角色就更加重要。这需要领导者具备敏锐的判断力，拥有高情商，只有这样，才能在推动公司不断进步的同时，对取得的成就予以鼓励和肯定。汤姆·门多萨在这方面也有一些见解与大家分享。

> 当一切看起来都进展顺利的时候，你需要让自己紧张起来，做好应对困难的准备。自满是公司的头号杀手，感到一切都不错，无须做出什么改进，这就是公司整体出现问题的根源。当形势艰难的时候，你需要为团队提供支持。只要是优秀的团队，团队成员也在做正确的事情，你就需要让他们知道你一直在支持他们。我认为大多数公司的做法正好与此相反。当形势一片大好的时候，他们不停地赞扬团队的努力，而当形势变差的时候，他们只会制造紧张情绪，却根本不会施加援手。

针对某一特定问题提出了合适的解决方案，或者实现了自己制定的短期目标，这并不会取得成功。只有营造创新的氛围，制定鼓励创新的流程，才能不断激发创意，设计出领先的解决方案，创造高于行业水准的业绩，通过这种方式才能取得持久的成功。

还有一种重要的情况，创新者需要了解。有时候我们满足于取得的成就，有时候我们拒绝从失败中吸取教训，我们要讲的情况介于这两者之间，是关于向成功人士学习的能力，而我们可能在这方面并没有取得成功。我们大多数人都可以很快从别人的失败中吸取教训，但要想从他人的成功经验中有所收获，对我们来说却往往要难得多。这也许是因为嫉妒？我不太确定，但当这种情况出现时，我们通常会产生一种天然的自我防护意识，刻意去忽略别人的成就价值或有效成果。这种反应十分常见，但却没有必要，而且会起到反作用。我一直坚信，就创新而言，不管是哪种自我防护意识，最好都要摒弃，因为它不仅没有什么益处，还会给我们带来伤害。对创新者来说，自我防护意识会让我们与新创意隔绝开来，阻碍我们取得更大的成就。

田莉·奥尔布赖特医生举了一个很好的例子，说明对现有方案进行再次梳理检查，就可能诞生新的思路，并显著改善工作成果。那是麻省理工学院合作项目的第一个重要项目，与哈佛大学设计学院共同完成。该项目主要针对中风护理问题。田莉说道，

> 我们决定，项目的带头人既不能是内科医生，也不能是神经学专家，也不能是外科医生。相反，我们决定邀请哈佛大学设计学院的建筑设计师来担任组长，因为建筑设计师懂得如何从整体看待问题。在医学界，我们对问题的研究总是不断深入再深入，但针对当时的情况，重要的是后退一步，从更广阔的视角和更系统的角度进行分析研究。马克·斯坦伯格（Marco Steinberg）教授是我们的带头人，他作为设计师和建筑师，知道如何做到这一点。正如他所说，我们需要把问题拆开，这样才能看到之前未知的内容。这就是一种看待问题的新方式，而此前人们以为，问题已经彻底解决了。随后针对这些流程，我们提出了一些新的发现和新建议，来提高护理工作的水平。例如，通过修订分诊流程，我们可以更好地满足病人的独特需求。如今这些改进措施正在挽救病人的生命并降低医疗成本。

创新永不止步

作为创新领导者，我们的任务就是不断鼓励他人，让所有人寻求创新机会，对于那些从不停止寻求业绩改善的人们，我们要及时给予奖励，也要对创新成果进行评估和宣传，并赢得业内认可，这样我们才能推动创新的良性循环。

我们在第八章“行”中说过快速产生价值的方法，这也是一种推动持续创新的好方法，其目的是在每个阶段完成后，激发所有人对创新的兴趣，让他们利用最新的成果，迅速寻找新的创意和改善空间。我能回忆出许多类似的真实案例。甚至在重大创新项目结束之前，工程师就已经发掘出产品的新特点和新效能，

并以此为公司带来更大的业务价值。在适当的支持和激励措施下，我们周围的人会通力合作，争先恐后地去发现新的创新机会，在当前基础上不断改善和提高。

达坎·马纳是慧智科技的前首席执行官，也是多家企业的创始人，作为一名投资者，他从历史的角度对持续创新的概念进行了阐述。

> 我最喜欢的格言之一就是“超越极限”。在拉丁语中，这是“永不止步”的意思。古时候流传着一个神话，传说大力士赫拉克勒斯（Hercules）在直布罗陀海峡竖起了两根柱子，用来表示世界的边界，因为当时人们认为世界是平的。因此，地中海的船员们就被警告说：“不要越界，不要越过这些柱子。”他们也从不越界，因为担心自己会从地球上掉下去摔死。因此，“不要越界”就是一种警示，同时也意味着终极之所，最难以到达的地方。
>
> 哥伦布航行经过这些柱子之后，继续往西航行最终到达东方，并发现了新大陆，西班牙国王卡洛斯五世把这些柱子的形象绣在了国旗上。同时他把那句名言改成“超越极限”，意思是要不断实现超越，不要停止努力和探索。我一直对自己说，生活就像一场马拉松，但却不是在与别人赛跑。自己其实是在不断地与自己较劲儿，要寻找下一次超越的机会，要做一番别人没有勇气或缺乏眼界去做的事业。

当我还只是一个小姑娘的时候，就从“超越极限”中学到了重要的一课。当时，我的3个姐妹和我得到上海当地政府的批准，允许我们在暑假的时候去探望在香港的父母兄长，并乘坐父亲的轮船巡游亚洲各国，我们总共打包了一个箱子，并把其他所有东西都留在了上海。我们想当然地以为，自己会再次回来。但是潜意识里，我担心自己可能不会再回来，这样说是因为我携带的唯一一样东西，就是自己的集邮册，这是我最喜欢的东西。多年来，我全心收集各种美丽多彩的奥运邮票，将各种体育人物的英姿集入册中。我的邮票藏品充满了异域风格的艳丽色彩，比如身着彩色服装的奥林匹克滑冰选手等。我的姐姐正容和我都很喜欢体育运动，我们喜欢打篮球、排球和垒球，我还做体操。因此，我最喜欢的东西就是自己的奥运集邮册。

在海关边境站，看到制服边检员饶有兴致地拿起我的集邮册时，我感到十分自豪，甚至认为他会钦佩地朝我点头致意。但事实与此相反，他把我的收藏全部没收。

那一瞬间我十分震惊，僵立在那里试图弄清楚他到底做了些什么。随着逐渐意识到发生的事情，我开始一边号啕大哭，一边请求他把邮票还给我。但他很严厉，无情地宣称，有价值的物品不能离开国境。我请求他允许我把这些收藏寄给我在上海的祖母，但他只是摇头，大吼着“不”，并把我推到一旁。当姐姐把我拉走，一起越过边境的时候，我还在哭喊。直到今天，我还是能回忆起当时的伤心和绝望，那是自己为之投入那么多时间、心血和激情之后，突然失去的感觉。但幸运的是，当这一切发生的时候，也正是我步入“全新的希望和机遇之地”的时候。到达中国香港之后，我惊喜地发现，周围的一切都是同样的多姿多彩，正像我在自己热爱的邮票中看到的一样！这次十分关键的经历让我知道了，变化的发生，“超越极限”的诞生，有时候需要我们舍弃自己最为宝贵的财富，但我们收获的，也往往超出自己的想象。

在职业生涯过程中，我见过许多人耗费巨大的精力，紧紧地抓住自己珍视的“集邮册”不放。我的意思是，在很多情况下，他们看起来更喜欢当前的满足感，这种满足的基础是已有的成就，而不是未来的挑战和收获。他们这样做当然并非故意为之，他们只是满足于当前已经拥有的，而对未来的可能性考虑不足。

作为创新领导者，我们能够帮助其他人，让他们松开“集邮册”，一起分享每项成功的喜悦，之后鼓励他们为下一次成功继续奋斗。有时候，我们也要这样解放自己！要坚信，“最好的当属未来”，这样我们每个人都会受益。

持续创新，而不是不停地改变

我很喜欢蔡明昊做的鲳鱼，并在他的蓝姜餐厅多次享用这道美味，如果说还有什么比这道菜更让人回味，我认为那当属他对餐厅经营之道的认识，这些真知灼见也广泛适用于其他行业。当和他谈到“变”这项法则时，他向我讲述了这项法则是怎么应用在高级餐饮制作中的。他解释说，在餐饮业，厨师通常会根据季节的变化调整菜单目录，这让他们可以把应季的水果、蔬菜和其他食材加入到菜单中。除此之外，还有其他一些原因。

> 有时候，你之所以不断创新，是因为当你看到菜单的时候，不希望看到的只有牛排和土豆这两道菜。也有些时候，你希望给自己的厨师朋友们留下深刻的印象,希望业内的朋友能够享受你创新的快乐。但绝大多数情况下，你进行创新，只是为了与时俱进。我餐厅的顾客中，至少有50%的人每月最少来就餐一次，如果没有不断地创新，他们很快就会厌倦那一成不变的菜单。但要当心，不要因为认为改变很好就去做出改变。只有当菜品更好的时候，才要进行改变。

对蔡明昊来说，变化带来商业价值，当然这在实际业务中并不多见。更常见的情形是，当变化发生时，顾客会将其视为一种困扰。尽管在餐饮业中，改变和多样化是行业发展的内在要求，但蔡明昊依然坚守着持续改进的标准——仅仅“好”并不够，必须要更好。他解释说，我们不能为了变而变，我们改变，是为了做得更好。

这一点十分重要，也是“变”这一法则的基石。变不是要求不断地变化，而是要求持续地创新。而这一点，正是我们贯彻本书的主线，我们认为“变”的目的，是为了创造商业价值和提高竞争优势。

吉拉德·切特文是 Year Up 公司的创始人，他建立了持续创新的机制，并将创新流程贯彻到其公司运作的始终。

> 在公司内部，我们试图将 6 个月一次的创新培训以制度形式固定下来。每期学员毕业后，我们都有一个短暂的休整时间，大约一个月，我们利用这段时间从各个城市赶来聚成一个小组，讨论做得好的方面，也讨论做得差的方面，还涉及下一步要在哪些方面做出改变。这些讨论没有什么权威性，通常我们的讨论都会严格限定于问题本身，话题集中于事情的好坏，而不会对个人的犯错或者判断进行评判。我们的讨论关注的是学员怎样才能做得更好。
>
> 此外，每隔 6 个月，我们都会对项目整体进行严格分析，看一下哪些创新时机可能已经成熟。因此，一方面我们寻找最佳创新途径，并将其标准化，另一方面在有较大改进空间的领域，我们也不断支持创新，公司在这两方面取得了很好的平衡。

在这个讨论当中，吉拉德提出了“标准化”这个重要概念及其应用，把标准化当作改进提高的工具。通过确认并推行最佳创新途径，公司可以在提高质量、增强连贯性的同时，不断降低成本、简化工作流程。标准化还为未来进一步提高设立了评估基准。但正如吉拉德在下面进一步所说，过于严格的标准化可能会导致相反的结果。

> 对任何一家多地经营的公司来说，在哪些方面可以允许甚至鼓励个性化发展，在哪些方面要求标准化统一，这一直是个难题，也是一个持续评估的过程。我认为，你对此可以制订出框架方案，但为了满足公司的需求，各地的情况在不断地发生着变化。我们认为，最重要的需要标准化的因素包括公司文化、价值观和经营法则。我们将推崇的六大价值观粘贴到公司的

各个角落，随处可见，大多数决策的制定都与这些价值观存在联系。我们有3个经营法则：高支持、高预期和高服务。我们要求，每位领导者都要在日常业务中体现这些经营法则，并让他们要求其下属也做到这一点。我们认为数据也应当进行标准化，如果能够对数据制定一定的标准，你就可以实施流程控制。如果可以实施流程控制，就可以提高产品质量。而且，数据录入也会容易得多，如果有人不按照标准，也很容易看出来。你不必再费心去控制数据本身，就能够实现对产品的质量控制。数据的集中化处理也能够推动公司更好地发展。我希望下属更加关注控制结果，而让本地公司做出更适应市场情况的决策。如果你能够持续关注产品价值、经营法则和数据信息，那就不需要在微观层面上进行过多干预，因为这只会干扰基层的创意，削弱他们的自主性和创造性。

利用这种标准化方法，吉拉德一方面鼓励员工持续创新，另一方面还能定制化地满足地区性需求，这为公司发展打下了坚实的基础。正如他在下面进一步所说的，这种方式也充分利用了分布式实验的成果，能够协助制定公司层面的标准。

我们正在考虑研究新的管理制度，以及如何把科技整合进来。我们自问，是否为员工提供了激励措施或资金支持，让他们可以尝试各种类型的教育技术，还是只是制定了一套集中的系统，生硬地将其嵌入到公司的业务流程中。

考虑到我们刚刚涉足教育技术领域，我直觉上认为，应当吸引初始使用者，为他们提供支持，帮助他们成长，给予他们认可。然后随着时间的推移，我们就能更清楚地认识到，教育技术行业到底有哪些方面可以实施标准化。我认为，行业成熟度在很大程度上决定了你是否希望创新，以及在多大程度上进行创新。

扫清道路

在前面的章节中，我们讨论过创新的重要性，要让创新成为我们日常工作的一部分，成为每位员工的自觉行动，而不应该把创新仅仅当作是研发部门或企业战略家的事儿。但在日常工作中，花费大部分精力用于解决各种问题，保持公司业务平稳运行已经让我们疲于应对，在这种情况下，我们怎样才能实现创新呢？

对于这个问题，道富银行执行副总裁吉姆·费伦给出了解决之道，就是要公开公司的战略规划制定流程、邀请公司全球的员工贡献创意。

我对于公司中层经理一直保持着莫大的尊敬，因为他们才是舞台的主角。当需要做出改变的时候，当工作中遇到棘手难题的时候，他们是真正解决问题的人。许多公司把创新的任务交给了中层经理，当然，他们能够做出巨大的贡献，但通常情况下，他们的真正任务是维持公司的正常运行。这些公司向中层经理施加了很大压力，但大多数中层经理从公司层面得到的信息，通常是别让事情乱作一团。

你可以按照每月两次的频率，把这些经理们从日常工作中拉出来，要求他们进行创新，但除非是发生了危机，你可能不会得到什么伟大的创意，而你也不应当对此抱有期待，这并不是经理们的失败。因为你一直要求他们解决出现的问题，而不是进行全新的开拓。你并没有把自己权力下放，让经理们有时间思考，在自己得到完全授权的情况下能做些什么。不要只是指望原有流程出现 10% 的改善，要希望出现 400% 的改善，或者用完全不同的角度思考问题，想一想自己可能从未采用过的流程方案。

我认为，最重要的事情之一，就是确定你如何能够得到突破性的创意，并把它们整合起来，交给经理们进行提炼和重塑。因此，在道富银行，我们动员全球员工都参与创新的过程，而不仅仅局限于中层经理。在这种方式下，我们实际上给中层经理施加了更大的压力，因为他们不仅“对上”还要“对下”。但我们也在尝试开放创新流程，这个过程并不是要寻找问题，而是要找到解决问题的更好方式，让我们与今天相比有所提高。

通过利用协作工具、社交媒体和创新沙龙，道富银行的员工们成立并参加了许多社团，这些社团跨越了部门、地区和业务的局限。各类社团既关注一些商业话题，如产品、服务、市场和客户，也关注国际动态，如可持续发展和弹性工作等。对于接近70%的道富银行员工来说，他们的工作安排都有一定的灵活性，因此他们组成的社团活跃度很高。社团成员通过问答、建议等方式互相支持，通过集中“众人的智慧”，最终诞生了最佳项目改进创意，公司的后援团队会对这个创意进行评估。正如Year Up公司一样，道富银行正在利用这些分散在世界各地的集体智慧，来寻求和推动公司的持续创新。

多年来，IBM已经成为最有名的创新型公司，在IBM的公司文化中，变化已经成为一种常态，创新也已经成为日常工作的一部分。琳达·桑福德是IBM的副总裁，主管转型部门，对于IBM不断向前，绝不会沉醉于以往的荣誉中这种系统“基因”，她给出了自己的解释。

营造一种尊重创新的文化，这已经成为IBM“基因”的一部分，从公司创立之初，创始人托马斯·沃森就以“思”来鼓励其团队创新，现在创新已经成为IBM的文化内涵和竞争优势，这都体现了IBM的创新“基因”。在努力工作、激发创意、运用技巧和支持新想法的公司文化中，创新只是一个副产品。IBM一直把营造这种文化氛围放在最为重要的位置。

IBM每年的研发投入基本稳定在约60亿美元，同时它也是基层创新的最大拥护者之一，在基层创新理念的指引下，从关联数据库到沃森电脑等一系列创新不断涌现，其中沃森电脑具备人工智能对话的能力。让创意思维充分发散，这已经成为 IBM 的常态。

此外，公司还对创新进行奖励。公司每年都会提名 IBM 年度新人和杰出工程师，对做出重大贡献的人给予奖励，同时为他们提供更多资源，进一步推动他们的创新研究。我们对杰出的创新者进行了大规模的宣传，公司的其他技术人员也会受到激励，他们会努力工作以达到相同高度的研究水平。

此外，公司还成立了技术采纳项目（Technology Adoption Program），员工们组成社团，互相交流新的应用程序和技术观点，并评估其市场价值，最有前景的市场项目将得到公司资助。自 2005 年启动该项目以来，已经有超过 1 500 项申请进入实施阶段，这是一种很好的方式，有利于公司技术人员的产品申请得到及时反馈。

IBM 也会定期举办“黑客日”（HackDay），这是一个盛会，员工可以分享他们对业务或技术难题的解决之道。最近一期“黑客日”研究的专题是：IBM 如何才能利用社会化商务模式进行扩张，如何才能把脸书、推特甚至 IBM 自己的社交媒体 Connections 等广泛利用起来。

困境与改变

当然，成功并非推动创新者们前行的唯一动力。正如内森·梅尔沃德在第七章“承”中所说，创新者面临的最大挑战之一，就是确定什么时候努力前行，什么时候果断放弃，对于两者的差异要区分清楚。内森说，这没有固定的区分模式，你只能问自己，如果是从头开始，你会怎么做。如果还没有投入那么多精力和资源，你还会继续做下去吗？

正如前几章所说，营造一种避免惩罚失败的公司文化，能为提出和回答上述问题打下必要的基础。汤姆·门多萨曾经在NetAPP公司营造了上述文化，但他承认，回答这个问题依然很难，虽然有时候答案显而易见。

有时候，你之所以必须做出改变，是因为如果还沿着同样的方向走下去，就会迷失方向，你得承认这一点。我认为，最坏的情况是，处在这样的环境中，你甚至不知道自己已经迷失了方向。你需要一种开放的氛围，在这种氛围中，只要你认为自己的举动有利于公司发展，而不是个人利益或晋升，那就可以把它表达出来。你要坦率地承认到底什么方法有效，什么方法无效。如果方法无效，那公司也要接受。

例如，在银行业发展放缓期间，我们私下里做了许多工作。我们进行了一次非现场检查，根据对经济形势和银行业的了解，想看一下我们所投资的项目是否是正确的。通常情况下，如果经济形势恶化，人们会把预算削减20%，但我并不认同这种观点。因为这意味着你把能够通过创新带领公司走出困境的项目与那些毫无价值的项目的预算同时削减了20%，不该削减的削减了，该削减的却没有完全削减。

如果情况正好相反，我们有大量资金，那如今会投资到哪些领域呢？我们达成了惊人的共识，那就是公司将在某一个特定方向投下巨资。然后我们说，好吧，我们目前没有多少钱，那公司应该在哪3个领域停止投资呢？我们的意见再次达成了惊人的一致。我们停止了对3个认定项目的投资，卖掉了其中一个公司，而这个公司是我们不到一年之前刚刚买来的。这个过程当然很痛苦，自然也影响到了其他人。我们说道："考虑到新的现实情况，这笔投资将不会有什么回报。在接下来的5年时间里，我们不能在这笔投资上纠缠不清，我们要卖掉这家公司，把收回的投资投到其他项目上。"

正如内森一样，汤姆和他的管理团队也发现，他们需要保持清醒，与之前的财务投资和情感投资有意识地保持距离。如果公司文化并不惩罚失败，那做到这一点是可行的，与以往的错误保持距离并从中吸取经验教训，这种做法很有意义。但如果过去的错误会被惩罚，那做到这一点很难。

不管我们处于何种公司文化中，要承认自己并非能解决所有问题，这不是一件易事。必须具备强有力的领导，才能承认错误，并采取措施进行改正。相比让事情保持原样直至一切都无可救药，这显然要困难得多。在这方面，如果能迅速采取措施，就能够避免浪费更多的投资，却无法获得预期收益。

尽管我很不喜欢“天然”抵制变化这个概念，但我确实相信，对于改变自己和自己的信念，每个人都有着“天然”的抵制。要改变这些，确实是可能的，但却需要付出艰苦的努力，对此尤金·陈医生可以证明。在第二章“领”中，作为基因医学研究所和数家初创公司发起人的陈医生告诉我们，对于失败带来的经验教训，他从来没有真正吸取过，直到自己半数的公司解散破产。此后，对于领导的含义，他彻底改变了以前的想法，并由此改变了自己。

> 改变自己是一场有关个人的变革，这对大多数人来说都很不容易。坦率地说，如果早期没有失败的领导经历，那直到今天，我可能都不会意识到自己到底错在什么地方。但也正是这些时候，你会对自己进行反思，从而不断改进。你需要思考，“嗨，这里是不是做错了？”我对此进行了认真思考，认识到并不是员工出了问题，他们才离开公司，一定是我出了问题。
>
> 如果你对自己的认识不够深刻，就很难得出这种看法。但是通过承担责任并深刻反省，你可以得到学习和成长。我不得不说，这个过程很让人惊叹，也是革命性的。它让我的做事效率得到了极大提高。
>
> 我认为，面对失败，如果你愿意认真思考，而不是把它赶紧从记忆中抹去，那每次失败都蕴藏了无限的学习机会，与此相比，没有什么能让你

变得更好了。

而如果你没有抓住这些机会，那问题可能就会再次出现。我认为，不管对公司来说，还是对个人来说，都是如此。

我对此深表赞同。实际上，在第二章中马伦上将也表达过同样的观点，他因为汽油船失事险些葬送了自己的职业生涯。我认为,不管是创新者还是普通人，面对困境时做出的反应，是决定我们成功与否的唯一最重要的因素。我们需要面对的问题，不是我们是否会经历困难，因为困难总是不可避免的，而是当困难来临时，我们应如何应对。我们是把困难带来的挑战作为一种激励因素，帮助我们学习、进步，还是把它当作敌人，然后缴械投降?

挑战和困难无处不在，如果我们不学着应对，那在生活和职业发展中就会处于劣势。我曾经听过一个成功的管理者谈到她的想法，她认为，对于刚加入劳动力大军的年轻人来说，“职业道路”这个词让他们产生了不切实际的期待。她认为，这个词给年轻人一种印象，认为道路已经铺成，他们唯一需要做的，就是沿着道路前行。她开玩笑似的说道:“他们应当将‘职业道路’称之为‘职业障碍之路’。”这样人们在开始自己的职业生涯时，就会明白，自己的进步取决于解决问题和困难的能力，这是生命必经的旅途。

在确定本书书名的时候,我也在思考她的这个评论。在本书前面我已经说过，而且现在更为确定，读者也都十分清楚，创新之路并不是早就铺设好的。创新者是铺路搭桥的人，是引领前行的人。引领创新需要激情，需要积极的态度，需要强烈的自信，以免在消极方面浪费时间。当遇到困难的时候，我们首先要尝试扭转形势，把问题转换成机遇，把敌人转换成盟友。如果这一切都不可行，那就不必在上面浪费时间，对于自己不能控制或者改变的情况，可以采取一些变通的做法。这样做需要高超的领导技巧和广泛的联系，但这一切都是值得的，对于团队、公司和自己来说，这都会推动我们取得巨大的成功。

我多次参加狄恩·卡门的FIRST项目，并从中得到了很多乐趣。狄恩正在培养并激励下一代创新者。我坚信，他把孩子们放在这样的环境下，让他们“铺设自己的道路”，为我们上了重要一课。

> FIRST项目是为了向孩子们表明，在创新过程中，即使失败许多次，也仍然是很有意思的事情，仍然让人激动，这个过程中的失败是有价值的。在FIRST项目中，我们极其用心地向孩子们提出问题，这些问题他们在书本上是没法找到答案的。我们全年一直在努力工作，最终换来了对问题的陈述和一堆“垃圾成果”……我们不断提高问题陈述的复杂程度，直到有一大群“聪明人”对到底什么才是“正确答案”表示出强烈的反对，这是因为，对大多数问题来说，并没有标准的正确答案，现实问题也没有“最好的解决方案”。面对一个问题时，你可以把头脑中形成的无数种解决思路放进“工具箱”，并最终整合出一种从没有过的解决方法，这个过程激动人心。

到现在为止，正如我在本书通篇所做的，我想让每位读者按照下面的有效性水平对自己进行评估。

变——有效性水平

◆第一层次：志得意满

在第一层次，我们对于自己的努力和取得的成就相当满足，正处于一种功成名就的阶段。对于公司当前的发展战略和竞争定位，以及我们在其中发挥的作用，我们都感到舒适满足。

◆第二层次：加速前行

在第二层次，我们对于近期的努力和成果感到很高兴，但对于不断变化的形势也保持着开放的心态。我们持续监测公司的战略规划和竞争定位，对需要做出改变的情况，我们时刻保持警醒。

◆第三层次：自我驱动

在第三层次，我们已经在不停地进步。在自己掌控的范围内，我们积极主动地寻求并做出改变，根据新的创意不断调整公司的发展规划。我们不断地探索新的方式来规划公司的战略布局，提高竞争优势。

从服务器验证到云架构之变

在第七章“行”中，我讨论过公司的服务器验证流程，并把它作为一个例子，说明快速产生价值的道理。不管是回应客户的需求，还是解决复杂的问题，我们都做得越来越好。在本章“变”中，我可以重拾之前的话题，继续阐述把好的工作成果传递给客户这一法则。

在某种程度上，公司的服务器集成小组承担着费力不讨好的工作，因为对于一个流程的最后收尾部门来说，他们往往处于一种不利的地位。他们通常不会被纳入到公司规划和方案设计的讨论中，因此，在提出自己的意见前，他们必须首先做的就是“赶上”进度。他们常常发现，尽管自己可以提供更好的解决方案，但此前关键决策已经做出，方案已经完全定型。同时他们也知道，即便在那个节点提出意见，也只会被人看作是对已有方案的不满，因此他们只能尽力微笑着接受现实。而更糟糕的是，项目日程表中的缓冲时间已经基本耗尽，他们通常不得不与时间赛跑。

正如我在“行”中所说，我的团队做得很好，他们设计出了自动化的服务器验证程序，流程总计只需一个小时，极大地加快了响应速度。但这种方案只适用于标准化申请，而当服务器验证更为经常出现的个性化申请时，整个流程仍然需要数周时间。正如内森·梅尔沃德在第二章所说，亨利·福特（Herry Ford）并没有想造出一匹跑得更快的马，他意识到，在当时的基础上要实现巨大的进步，就需要一套全新的解决方案。我们也意识到了这一点。

我们开始在数据中心推行快速处理方案（POD）。这是一种封闭式的设计方案，把网络、服务器、存储甚至空调设备都连接在一起。以 7 个匣子、63 个服务器为核心，每个 POD 都建立了可视化的工作环境，且都可以进行快速处理，而无须像往常一样，需要各个部分单独反应。由于这种多服务器和可视化存储的工作环境，服务器处理申请的能力大为提高，验证申请的服务器数量大大降低。尽管当时“云计算环境”和“基础设施即服务”的概念还没有广泛推开，但我们的 POD 方案已经蕴含了相同的理念。

当然，该方案的全部价值，只有在高标准化的环境中才能实现。为此，我们与道富银行的 IT 基础设施小组紧密配合，以实现这一目标。以 POD 为基础，他们开发了一种标准化的申请服务平台，使程序开发人员在提出申请时可以享受自助服务，而无须服务器验证。自动化流程对审批许可进行管理，在几分钟之内，系统就能自动生成所需的审批环境，这种运作模式在验证跨越两个数据中心的资料时具有高度的弹性和活跃度。我们不仅具备了基础设施即服务的工作模式，如今还是平台即服务，安全即服务，申请即服务，每项流程都是标准化的，而且也是预先设计好的。

这种独有的云架构对道富银行的整个 IT 部门运营进行了二次定义和重新构

建，带来了前所未有的运营速度和服务弹性，提高了其成本效益和控制能力。它不仅为公司的IT投资带来了丰厚的回报，还提高了公司的快速创新能力，有力地推动了自助服务数据仓库和扩展分析数据服务等多项战略新业务的加速发展。

变——将法则付诸行动的具体步骤

现在让我们总结一下个人、团队和公司应当如何运用“变”这一法则。

个人

对于个人来说，不断创新就意味着，要体现工作成果并为胜利欢呼，但却绝不允许为已经取得的成就自满。我们可以秉持“最好的当属未来”这样一种信念，不断寻求各种途径改善和提高。当我们身处困境时，这也同样适用。我们要一直保持积极的心态，不要在自己无法控制的事物上浪费时间。创新者从不拒绝学习的机会，他们会主动寻求这样的机会。

团队和公司

团队经常会沉迷于自己实现的不俗业绩，但这可能会导致一种新的固化状态，因此团队领袖的作用就十分关键。我们要对各种建议保持开放的心态，鼓励解决问题的同时也要鼓励提出问题，并激发新的创意，通过这种方式，我们就能带领团队不断发展，并勇敢地从舒适区走出来。

公司文化应当激发和鼓励员工不断创新。这就要求管理层重视并实施结构化的管理流程，并不断审视现有的解决方案，要求员工想方设法对其加以改善。公司在实践活动中，也要灌输和强化“时刻创新”的理念。

• 如 • 何 • 变 •

※ 要记住你永远在和自己赛跑。

※ 要激发并营造一种不断求变的公司文化——保持创新的态势。

※ 永远不要满足于以往的成功。

※ 要让员工在不同的岗位之间轮转，用全新的工作向他们不断提出挑战。

※ 要不断寻求下一个新的创意和机遇，推动自身不断提高。

※ 要利用各种途径，分析和评价未来的战略规划——信息可以从供应商、销售商、合作伙伴、风险投资者、初创企业以及类似机构处获取。

※ 为了保持竞争优势，你需要不断求变。

※ 对不断创新、不断求变的员工，要给予奖励。

※ 对于破而后立所取得的成果，要实施准确的评估，并进行高调、广泛的宣传。

※ 要秉持“最好的当属未来”的信念。

◆附录一

八大法则汇总及行动计划

聽 / 听

你可能会说，还有比“听”更简单或更平常的事情吗？很抱歉，事情并不像你想象的那样，倾听并非易事，能真正学会倾听的人不多。但一旦学会倾听，我们就能跳出困境，获得无比珍贵的财富。

听是一个人与生俱来的能力。我们天生就会听。但我所说的聆听，不仅是一门艺术，也是一种技巧：在聆听中学习，深入聆听，有效聆听，全心聆听，用一种不先入为主、没有主观成见的开放心态去聆听。不仅聆听发言人的每句话，还要聆听弦外之音。我们需要做的是聆听，然后汇总，再做进一步分析。

根据我多年的管理经验，我把聆听的效率划分为 3 个层次。

听——有效性水平

按照效率不同，我们可以把聆听分为 3 个层次。聆听的效率越高，我们的收获就越大，就越能实现我们设定的目标。

◆层次一：选择性聆听

在这个层次上，我们仅听取能满足我们即刻需求的信息。通常情况下，尽管我们做出聆听的姿态，但往往表现为频繁打断对方，不断偏离交流主题，仅将注意力集中在自己感兴趣的话题上，仅仅从自己的视角对谈话内容进行解读。这种聆听并不能扩展我们的知识面。

◆层次二：专注聆听

当我们对一个问题反复讨论，听取其他人的观点，并由此而增长见闻的时候，我们就进入这个层次的聆听了。在这个层次的聆听中，双方相互尊重，通过坦诚的交流碰撞出智慧的火花，并产生有益的智力成果，这也有利于双方建立长期的友谊。

◆层次三：深入聆听

在这个层次，我们跳出“讲什么”的初级范畴，步入“为什么讲”的更高级别。我们进一步思索，确认讲话内容的前提条件，并找寻新的方法，汲取新的知识。我们也会注意到肢体语言，并进行细致入微的观察，这些细节甚至连讲话者自己都没有意识到。由此，我们对讲话者的真实感受和意图有了更加深刻的认识。在聆听的第三层次上，对演讲者没有明确表述的潜台词，我们也能理解到位。

听——将法则付诸行动的具体步骤

个人

首先最重要的是，我们要改变自己的行为模式，成为一名聆听者而不是旁听者。与旁听不同，聆听并不会自然发生，它需要我们学会去听、选择来听。在我和他人谈起这些的时候，他们的反应总是让我吃惊。他们理解了我的意思，而且通常很快能领会，看起来也确实对提高自己的聆听技巧很感兴趣。尤其是当他们发现，通过聆听可以发现机会，并从其他人的真知灼见中受益的时候，他们就会表现得更为热情。提高聆听技巧的最好方式之一，就是更加关注自己对驳斥数据的反应，重视与我们认知或预期相悖的信息。通常我们会忽略或者拒绝考虑这些信息，有时我们也会有针对性地进行反驳。当聆听的时候，对于这些驳斥数据，我们应当保持好奇心和谦虚的态度。

团队和公司

为了让一个团队学会聆听，团队领袖可以建议开展一些诸如“聆听客户的呼声”的活动，定期收集市场信息，并据此采取改进措施；也可以鼓励团队成员定期进行信息共享，使他们随时与公司内外部保持联系。最重要的是，每个团队里总是有人谈论不休，也总有人沉默寡言，所以团队领袖应特别注意，在重要问题上，要确保每个成员都可以建言献策，还要密切关注后续讨论，鼓励成员进行认真思考，谦虚聆听。

在公司层面，执行主管自身要传递出善于聆听的特质，就像汤姆·门多萨那样。执行主管们应当注意任用思想开放、善于聆听的下属，让他们营造良好的环境，鼓励大家坦诚、公开地交流。主管们要善于发现和打破聆听的障碍，不管这些障碍是在个人、团队、部门、领导人、客户还是合伙人之间。

• 如 • 何 • 聆 • 听 •

※ 要表现出对发言人的尊重——保持眼神交流。

※ 要放松身心，认真聆听——对发言人保持全神贯注。

※ 对于将要听到的内容，不应有先入为主的成见。

※ 发言人讲话时，不要进行评判，但不懂时要及时询问。

※ 不要猜测发言人下一步会讲什么——做出假设之前应当通过询问来澄清疑惑。

※ 要确保自己完全理解了发言人所说的每一句话。

※ 在发言人全部讲完之前，不要断章取义。

※ 在交流过程中，要不断探求新的信息。

※ 要围绕发言人而非自己的观点进行讨论。

※ 要注意肢体语言——不要交叉双臂，或表现出厌倦或封闭情绪。

※ 注意面部表情——要带着鼓励的淡淡微笑，不要露出失望或者不耐烦的表情。

※ 要注意发言人的肢体语言，认真寻找线索，为什么他或她告诉你这些，而不告诉你其他内容。

※ 认真思考你所听到的内容。查找问题产生的根源，并与其他数据信息相互验证。

※ 观察你能接触到的所有其他信息，并与你听到的内容进行对比。

領 / 领

对创新者而言，知道如何引领他人是必须具备的重要品质。创新者也常常是领导者，因为领导岗位最适合创新，但有些人天生比其他人更具有领导能力。

当提起优秀领导者的时候，我想到的是堪称领袖典范的人，想到的是让我们敬仰的人，想到的是我们小时候希望长大后成为的人，想到的是我们尊敬的人。

这就是领导者的特质，尤其是当领导者还是一名创新者的时候，其特质更为明显。

- 激情——引领的激情和必胜的激情。
- 愿景——对未来的规划。
- 诚实——持续引领的核心。
- 信任——人们不会追随自己不信任的人。
- 紧迫——对创新者来说，要有应对市场形势，快速变动的决心。
- 结果导向——只有结果才是有价值的，不要过于看重努力的过程。
- 调整——具备不断预测和引领变化的能力。
- 共鸣 / 情商——建立联系所需的重要的软技巧。
- 沟通——具备良好的语言表达和文字写作能力至关重要。
- 自信——只有自信才能赢得他人的信任。
- 追求卓越——领导者要以高标准要求下属。

领——有效性水平

◆第一层次：限制创造力

在第一层次，我们限制了创造力的发挥，通常扮演着“大脑”的角色，把下属看作“四肢”，让他们严格执行自己的指示。我们无法给下属以清晰的规划指引，也无法让他们有自主的感觉。这个层次的领导者，无法赢得下属的信任和尊重。下属执行解决方案时，容易滋生“盲从”的心态，难以带来预期的变化。已有的业务模式使员工对现状已经开始厌倦，但我们对此却一无所知。

◆第二层次：利用创造力

在第二层次，我们做得就好多了，利用员工的创造力，我们可以向他们传达清晰可行的短期目标，以激发他们的热情，鼓励其自主意识，增强信任程度。我们塑造了正直、诚实的形象，并由此赢得了下属的信任和尊重。在设计和实施解决方案的时候，我们让下属参与进来，增强了他们的认同感并减少了抵触情绪。公司注重加强激励或采取一些辅助激励措施（如补偿措施）来增强员工的责任意识、主动意识和团队意识，在承担一定风险、面临失败的情况时，也能够把惩罚降到最低。

◆第三层次：培育创造力

在第三层次，我们已经位于领导的最高层次，能够营造创新的氛围，描绘激动人心的未来蓝图，使团队形成强烈的共同使命感。我们总是鼓励下属勇敢创新，让他们做到极致。通过把激励、社交暗示、流程管理等多种措施结合起来，我们可以有效地鼓励创新并实施风险管理。此时领导者发挥了情商优势，得到了下属的高度认可，通过鼓励和支持下属的工作，让他们可以取得超出自己预期的业绩。领导者还能积极支持流程管理，使下属能够大胆试验，使挫折变得更有意义，并能够从中不断学习。

许多公司员工的激情和创造力都处在尚未开发的阶段。对公司各层级的领导者来说，他们有机会调动这些巨大却尚未动用的资源。这方面的努力不会白费。正如马伦上将对我说的："出色地完成一项工作任务，或者有机会创造价值、回报社会以并变得与众不同，这些都会让人们产生巨大的成就感。你需要的，就是精心呵护这种期待。对一个创新能力十足的员工来说，如果无法找到可以沟通的领导者，那他就只能另寻下家了。"

领——将法则付诸行动的具体步骤

个人

对一家公司来说，领导者的作用并不仅仅局限在管理和执行上，公司的各个层面都有他们的身影。对此，美国第六届总统约翰·昆西·亚当斯曾经进行过精彩的阐释："如果你的所作所为能激励他人，让他们敢于憧憬更大的梦想，善于学习更多的知识，乐于做出更大的努力并最终取得更大的成就，那么你就是一个领导者。"领导者能够描绘清晰的未来蓝图，并带动他人一起满怀激情地为之奋斗。领导者能够树立远大的理想，并协助他人把梦想变成现实。领导者能够以身作则，营造彼此信任、相互尊重和正直诚实的团队氛围。领导者不断努力，提高自己的情商水平，提升自己的判断能力，不断从实践中获得收获并向自己的领导榜样学习。

团队和公司

创新型的企业文化是鼓励试验和学习的文化。为此，就需要把远大的目标、具体的流程和各种激励措施结合起来。要向员工说明，团队或公司可承受的具体风险底线，员工采取合适的方式进行正确的尝试之后，即使结果并不“令人满意”，公司也不会对员工进行惩罚。与此相反，公司会奖励这些员工，鼓励他们积极进取的勇气。同时要设计合理的流程，确保公司能够从这些实践经验中学习和提高。

• 如 • 何 • 引 • 领 •

※ 要有引领的激情和必胜的信念！

※ 要表现出真诚正直、激情活力、乐观积极、坚定自信、诚实可信以及善良温和的品质。

※ 要描绘创新的蓝图，也就是对未来的设想。

※ 要营造创新的氛围——鼓励、激发和奖励创新。

※ 要乐于迎接改变，勇敢承担预期风险。

※ 要与公司内外部的各类利益相关者进行有效沟通，清楚沟通的对象、方式和时机。

※ 要有良好的判断力——找准沟通和行动的合适时机。

※ 要以积极的态度面对挑战。问题总有解决方案，如果没有，要设计出来。

※ 要赢得下属的尊重，不应强迫他人或者靠职位压人。

※ 要努力做到与众不同——充分利用已有资源，不断提高长期战略价值。

計 / 计

这部分是讲，我们如何从立足之地到达目的地。我们需要设计灵活机动、具有竞争力的商业模型，并绘制战略路线图。

计，不仅适用于个人，还适用于企业。

从个人规划来看，创新者要有明确的目标，还要有灵活机动的计划，只有这样才能积极主动地实现个人梦想。计划很重要，它不仅能够协助创新者做出决策，还能够围绕最终目标，帮助创新者采取谨慎合理的措施。

对公司或者企业来说，计划的重要性更加突出，这是因为，如果未来不确定，那么整个公司及其员工都会处于危险境地。作为领导者，必须认清公司的业务模式，并对其进行清晰的界定。由于市场、行业和外部环境在持续变动，公司的业务模式应当保持灵活机动，只有这样，才有进一步改善和提高的空间，也只有这样，公司才能在无须进行重大调整的情况下，推进业务模型的升级。制订计划是企业面临的最大挑战，因为没有人能准确预测未来，但是作为领导者，你应当具备敏锐的直觉。对于如何建立灵活的业务模式、为公司发展奠定弹性十足的基础，你也要有清醒的认识，因为只有这样才能应对未来的突发情况，如经济环境变动、政府监管政策等，也只有这样，公司才能长久持续地繁荣发展。

计——有效性水平

◆第一层次：被动反应

在第一层次，我们对所处位置和发展方向知之甚少，完全是紧急应对，而非规划未来。突如其来的变化常常让我们措手不及。

◆第二层次：积极回应

在第二层次，我们有对未来的清晰愿景，并有实现愿景的清晰规划。我们主动收集相关信息，并及时根据情况变动做出调整。

◆第三层次：战略规划

在第三层次，我们可以预测形势变化，并让自己和团队提前做好准备。通过制定整体的综合路线图，我们努力推动公司实现长期发展目标。而短期目标的实现也能为公司带来立竿见影的绩效，并有助于实现公司的长期目标，我们在这方面已经得心应手。

计——将法则付诸行动的具体步骤

个人

作为创新者，我们需要明确未来的发展蓝图，并据此设计有战略性、有具体实施步骤的路线图，在这个过程中还要注意把握关键节点，及时体现成果。我们要预计未来变化并采取针对性措施，面对意料之外的情况，要保持足够的灵活性。“计”也适用于我们的职业规划，我们要不断努力，提前超额完成工作目标。我们要加强经验积累和资历认证，为未来职业发展、赢得新的机遇和得到进一步提升做好准备。

团队和公司

团队和公司应当目光长远，同时着眼当前。领导者要制定并传递清晰的未来规划，并以此确定团队未来的发展目标，促进公司创新发展。创造战略价值应当是第一位也是最重要的目标。

公司及其团队应当关注未来形势，预测未来变化，并制定相应的规划。在某些情况下，我们能够较为准确地预测未来形势，并相应设计针对性强的路线图。而在其他情况下，我们可以预测未来可能发生的几种情况，但却不能确定哪种情况会真正发生。此外，还有可能发生一些完全在意料之外的情况，甚至是影响全局的大事件。此时，保持充分的灵活性和柔韧性就成为公司成功的关键。

• 如 • 何 • 规 • 划 •

※ 要为明天做好规划，而不局限于眼前。

※ 要注重创造战略价值——认清公司或机构的远景目标。

※ 要从全球视角进行战略定位，充分认识各国当地需求，以此为基础制定公司的发展路线图。

※ 要做好健全的业务方案，以便进行合理决策——要充分展示财务和业务方面的收益。

※ 要通盘考虑所有创意，而不局限于当前的展业方式。

※ 决策过程中要做出明智的判断。

※ 要充分借助公司外部、全球范围内、不同行业、不同经验水平的人力资源，并与他们展开广泛合作，以加强对市场形势的认识。

※ 要准确定位，专注于核心业务，借助具有核心竞争力的战略伙伴资源。

※ 要追求卓越。追求卓越的过程是自己不断进步的过程，也是所在公司不断发展的过程。

提 / 提

对创新的价值，创新者应该有清醒的认识、全面的理解和认真的评估，而这一点往往为他们所忽视和低估。

大多数人并没有给予“提”这项法则足够的关注。但在争取内部资金支持以及/或者外部投资的过程中，“提”是一个十分关键的因素。创新者要深刻理解“提”的含义，而不能浮于表面，这一点十分重要。对于在创新生命周期的每一个阶段，如何才能成功而高效地运用“提”的技巧，我们要加强学习，这一点同样重要。

在宣传过程中，我们需要注意很多方面。

- 宣传内容——有效的宣传推广需要使用专业术语表达创意方案，同时用事实和数据进行说明，最终向公司及客户传递创意的价值。
- 宣传方式——良好的沟通技巧十分重要，传递信息要做到清晰、准确，语言要简明易懂，只要能说明问题就行了！
- 要同时了解创意成果和市场现状——要把创意成果与市场现状进行对比，这一点十分关键。
- 在创意产品生命周期的每一个阶段都要进行宣传推广——在争取最初的资金支持、随后获得股东持续的战略和执行协助，以及执行过后成功赢得行业认可和奖励的过程中，宣传推广都十分重要。

提——有效性水平

◆第一层次：无法清晰表述

在第一层次，我们对清晰地表述创意价值和品牌知之甚少，或并不关注。相反，我们的表述无法令人信服，不能获得必要的赞助和支持。对于创意未来和当前的价值，我们也无法赢得适当的认同。

◆第二层次：得到理解

在第二层次，我们能够清晰地表达创意价值，并获得赞助和支持。通过常规而可靠的渠道，我们能够引发社会关注，争取受众了解并激发他人兴趣。在沟通过程中，我们能够认真思考，仔细权衡。

◆第三层次：激发热情

在第三层次，我们已经成为宣传的行家里手，可以制造公众话题，并通过吸引注意力赢得他人支持。我们从不会主观假定信息已经公开或人们已经知晓。我们能够利用每次机会来影响他人，并激发兴趣和热情（如电梯游说、奖励等）。我们能够成为行业标杆，使自己的品牌、战略价值和业绩表现脱颖而出。

提——将法则付诸行动的具体步骤

个人

为宣传我们自己和我们的工作成果，我们要学会“自我宣扬”，但要注意方式、方法，不要被误认为是自吹自擂。宣传最好的方式是通过指标对比。事实上，在创新的时候，我们就应当设定基准，把我们新的改进成果与旧的指标进行对比，通过前后的图示对比，我们就可以展示自己的创新举措是如何做出改进的。

我们应以创造商业价值为核心，不断宣传自己的各种创意和工作成果。我们的创意能够带来什么影响？能够节约多少成本？能够实现什么成果？回答这些问题的过程，也就是我们自我展示的过程，同时也能赢得听众的注意，听众可能包括公司的决策制定者、风险投资者或潜在客户。一旦创意形成项目，我们就应当制订营销和宣传方案，为该项目争取支持。

团队和公司

与个人类似，团队和公司也要以衡量指标和业务价值为对照，不断提高工作水平。在项目生命周期中，团队可以制定相关政策，为各种创意和解决方案提供成长空间。首先我们要努力争取资金和人手，随后要寻求支持和投入，然后是吸引注意力和激发受众兴趣。最终，当理想变成现实的时候，我们应加强推广，展示自己工作的价值和收益。在这个过程中，我们要思虑长远，同时努力尽早地展示短期收益并加强成果宣传。

公司可以制定规范的流程，对前景看好的创意进行定额资助，允许团队通过小规模的研究试验对各种可能性进行测试。随着实际成本和潜在收益愈发清晰，得到验证的创意可以进入下一步资助范围。

公司应鼓励团队积极参加行业评奖和争取行业认可。这两者是彰显公司创意成果的良好方法，同时能够鼓励团队和个人取得更大成就。

•如•何•宣•传•

※ 要充满激情，活力十足。激情会感染受众。

※ 要把每时每刻都视为宣传的良机。

※ 要注意宣传的细节——原因、方式、受众、时机、地点和内容。

※ 要据实宣传。参照行业标准，列出得到的认可和奖励。

※ 要时刻做好进行 3 分钟电梯演讲的准备，内容要简单明了。

※ 要广泛宣传。不要主观认为受众已经知道这些信息。

※ 要本着为客户带来价值和收益的目的进行品牌宣传，确保客户了解其未来价值。

※ 要注意从客户和使用者的利益出发介绍产品的价值，而不应仅仅描述产品的功能、特色。

※ 每个人都要学会宣传的技巧。

連 / 连

创新者并不是孤独的，世间没有创新是孤立存在的。创新者应跳出传统思维限制，吸收前人智慧，借鉴他人成果，汲取行业经验。

加强沟通联系，对公司和个人的成功都至关重要。要想为自己的创意赢得资金支持，使其落地生根，创新者必须加强沟通。沟通有以下几方面的要点。

要在全球范围内与各色人等广泛沟通——人们更愿意与自己熟悉和信任的人进行交易，要本着开放、坦诚的心态进行沟通，不要急功近利。沟通要基于共同的兴趣，要相互学习，同时要从不同的角度思考。

我们要在业务规划、目标、战略和计划方面加强沟通。创新过程中进行广泛沟通十分重要，创意的开展要始终围绕公司成功这一目标。

连——有效性水平

正像在其他法则里所说的那样，对于多年工作中所经历、所观察到的各种联系层次，我愿意与大家分享。我们与周围人的联系可以分为 3 个层次。像其他章一样，我们需要确定自己现在处于哪个层次，为了提高我们又需要做些什么。

◆第一层次：独自孤立

在第一层次，我们呈现出一种孤岛思维的模式。自己的思考、应对和解决方案都是孤立的。脑海里可能会浮现出合作的想法，但通常情况下这种思路都是一闪而过（我们将其称为“破坏性合作”，随后我们将对此进行深入探讨）。在这个层次上的领导者，仅仅以交易为中心，并没有认识到建立合作关系的重要性。

◆第二层次：系统整合

在第二层次，我们与外界建立了良好的联系，决策之前，我们会根据广大利益相关者的诉求进行多方权衡。我们愿意结合公司战略、现有方案或未来方案来开展业务经营，我们注意从股东视角出发，通过合作来制订高效的解决方案。这一层次的领导者很注重建立长期的合作关系。

◆第三层次：融会贯通

在第三层次，我们不断跨域自己传统的“交际圈”，去寻找和利用各种新创意和新方式，为公司创造商业价值。我们能够积极寻找多样化的交流对象，与那些看起来“毫不相关的”行业人群、年龄群体、技术人员等进行交流。我们乐于帮助他人取得成功。这一层次的领导者通过正直、信任和宽容的举动，与他人建立起长久的合作伙伴关系。

连——将法则付诸行动的具体步骤

个人

建立联系、加强沟通应当成为每个人日常生活的一部分。这与我们的工作内容同样重要。不管是为了完成什么工作，都不应该忽略联系的重要性，我们不要因为着急而对别人置之不理，或者在发现别人的问题时对他百般羞辱，或者为了完成某一项工作，自己受到各方面的诱惑而伤害他人。最终看来，团队的宏伟蓝图和卓越成就才是我们孜孜以求的，但这些成果的实现，都依赖于上述关系和人脉，更不用说当与他人和谐共处时，为我们生活和健康带来的积极影响了。

当自己的眼光局限于完成手头工作时，这些工作只是一时的问题，但却会影响长远的人际关系，此时我们就需要回过头来，重新排定各项安排的优先顺序。尽管有时候，由于重大项目的压力和变动带来的冲击，我们与他人的联系可能会受到影响，但我们总是应当注意选择沟通联系的宽广大道，而不应步入自我隔绝的坎坷歧途。

团队和公司

除了加强个人交流之外，一个创新型的领导者还要采取措施，确保团队成员彼此交流，要与公司同步，并与外部世界沟通。团队领导者要通过建立内部联系，确保团队成员了解公司每位股东的需求，这样团队成员之间就能通力合作，为公司总体目标而努力，而不是局限在自己的小天地里。团队和机构的领导者协助成员加强外部沟通的方式有很多，包括鼓励参加行业活动，加强与客户的紧密接触，邀请演说者、供应商和其他人进行交流等，这些方法可以拓宽成员的视野。

我们还要重新审视当前的奖惩体系，是否有激励措施推动团队领导者与其他团队进行工作交流？各业务单元之间的业务关系如何？是否存在分红制度？比如说根据公司整体层面而非自己小团队的销售增长情况来发放奖金？最后，在设定新员工招聘条件的时候，我们还应鼓励对价值观和品性进行评估。许多公司已经采取了类似措施。

•如•何•联•系•

※ 要在全球范围内加强广泛的联系，跨越行业、机构和年龄群体的界限。

※ 要重视联系与沟通的策略、制度和流程，同时要注意沟通的对象。

※ 要在不需要别人帮助的时候加强联系。

※ 要注重联系策略，不要把目光局限在眼前的需求或交易上。

※ 要公开联系，鼓励相互信任和诚实相待。

※ 要持续加强沟通，抓住每时每刻、每个机会。

※ 要全情投入地加强沟通，对待每个人的方式要与他希望得到对待的方式一致。

※ 要慷慨大方地加强沟通，不要不停地计算得失。

※ 要清楚沟通联系并不是要占别人便宜，或者利用别人获利。

※ 要协助他人加强沟通，实现双赢。

※ 无论什么时候，只要能帮助他人就要伸出援手，而不要仅仅考虑自己的眼前利益。

※ 沟通联系需要持续不断地努力，因此要有耐心。

※ 成功的联系与沟通，需要双方都有情商。

承 / 承

成功的创新者自己应秉承“义无反顾”的态度,还要吸引其他创新者的加入,在专注于共同目标的同时保持适度的弹性，并注重学习，适应变化。

承诺是决心的表达，承诺人应有一种责任感和使命感。创新者要认识到自己“重任在肩”，不因任何人而动摇自己对目标的追求。承诺还意味着，当面临挑战时绝不退缩，要积极应对。创新者还要勇于承认自己的错误，并相应调整行动计划。承诺需要坚持不懈、积极的态度、团队合作和足智多谋。

承诺并不是说，在最初的努力方向出现偏差时不懂变通，忽视别人的建议或警告，或者拒绝调整计划。创新者做出承诺，意味着要从团队、所在公司甚至是外部投资者那里，主动寻求各种建议。创新者要确保优秀的创意能够成功赢得内外部资金的支持，这可能是创新者面临的最大挑战。

承——有效性水平

◆第一层次：规避风险

在第一层次，我们对于风险过于谨慎，以避免失败时尴尬或难堪。我们无法把个体风险和公司风险区分开来，在我们看来所有风险都是个体风险。通常我们会加大赌注而不会随时调整，当面临重大困难或即将到来的“失败”时，我们很难保持镇定。

◆第二层次：风险最小化

在第二层次，我们愿意考虑做出改变，并开始采取有针对性的行动，但我们更加注意规避风险。我们意识到了创新项目大起大落的特征，当形势不利时我们不会一走了之。当出现困难时，我们将勇敢地冲上去——不再后退。我们更加果断和值得信赖。

◆第三层次：管理风险

在第三层次，我们知道如何管理业务和财务风险，能够利用经验、快速试错以及其他方式显著地降低风险水平。我们承担的风险是"精打细算"的，而不是刻意规避的。我们把自己置身于风险管理的一线，通过承担个体风险来激励他人，让他们可以放手创新。我们将会预计可能出现的困难，只做出较低的承诺，并总是努力实现更高的目标。

承——将法则付诸行动的具体步骤

个人

作为创新者，我们通过把自己置于创新一线，承诺改变现状。实际上，我们要勇敢地站出来，大声地说："我认为我们能做得更好，这就是我想尝试的创新的方式。"每次提出一个新的创意时，我们不用拿自己的工作或职业生涯作为赌注，但要清楚说明的是，我们愿意承担适当的风险。之后，我们就能更好地争取公司、团队的支持和承诺，这是我们顺利开展行动的基础。

团队和公司

团队和公司承诺进行创新，是通过为员工营造具有包容性的文化氛围来实现的，这种公司文化十分欢迎新的创意，而且相关人员能够清醒地意识到，并非所有的创意都会有所收获。这要求公司在流程管理、风险控制和其他文化构成要素中做出改变，唯有如此才能引导员工的创新行为。团队和公司要认清两类行为，一类是公司当前鼓励的“开发成果”，另一类是公司当前惩罚的“失败案例”。如此员工就能重新划分这两类行为，达到更好地营造创新文化氛围的效果。通过改变公司文化导向，推行创新管理举措，团队和公司就能向外界传达自己鼓励创新的承诺。

•如•何•承•诺•

※ 要保持激情，激情能够引发承诺，促使人们持之以恒。

※ 一旦选定道路，就要全心全意地投入。

※ 要谨慎承诺，承担适当的风险。

※ 要做出承诺，并争取团队和公司的支持。

※ 要对资金、人力、资源、支持、盈利等情况做出承诺。

※ 要对功能、特点的改进成果做出承诺，并设定合理的时间期限。

※ 要勇于承诺，但要记住，与过高的承诺相比，低承诺、高成果显然更好。

※ 要做出承诺，但要保持开放的心态。要允许别人随时提出问题，改进创意。

※ 要做出承诺，但要保持灵活性。要注意形势变化以及意料之外的事件，这些情况可能需要进行更加深入的研究。

※ 要听取他人意见，承诺并非独断专行。

行/行

创新者要知道如何在传递价值的同时，为未来发展打好基础。为此，创新者就要在实践中积累知识。只有取得成绩的同时不断进步，才是一个合格的创新者。

执行就是要把你的梦想变成现实，取得实实在在的成效十分重要。愿景自然美好，但如果没有执行，愿景就仅仅是白日做梦或镜花水月。执行是创新面临的最大障碍之一，许多潜在的创新者都富有创意，思想的火花不断迸发，但不幸的是，他们许多人没法让创意实现。要成为一个成果丰硕的领导者，需要的是一套完全不同的方法。描述高效执行、落到实处、完美呈现结果的特质包括：在专注的同时保持弹性，要有积极的态度，要坚韧不拔，决不放弃，依靠团退，加强合作，良好的沟通等。

我对完美执行和零缺陷方案谈了许多。有些业务目标需要达到零缺陷标准，就像美国国家航空航天局的太空计划以及每天的飞机飞行一样。当把目标设定为零缺陷的时候，六西格玛法则显然就不够严格了。为了实现这一目标，可以采取一些已经验证过的方法。

行——有效性水平

◆第一层次：徒劳无功

作为第一层次的领导者，我们制定的目标不是过高就是过低，我们不善于制定或管理项目的范围边界，很容易使问题过于简化或者过于复杂。我们很少了解客户的真实需求，甚至“深陷泥潭”，无法集中注意力实现预期目标。

◆第二层次：系统整合

在第二层次，我们采用标准的范式来界定和执行结构化的程序，并加强范围管理。对于客户的需求和满足需求的方法，我们都有现实的认识。我们总是勇于测试自己的各种假设。对于高效的项目、预算、问题管理流程，我们也能够熟练地设计并加以运用。

◆第三层次：加速发展

在第三层次，我们致力于在每个阶段都向客户提供实实在在的价值。我们时刻牢记，要争取快速实现价值，并脚踏实地。通过快速实验和快速试错技术，我们对前期假设进行测试，并利用各种衡量标准，有效跟踪、展示并庆祝取得的各项成果。

行——将法则付诸行动的具体步骤

个人

通过交流沟通、团队合作、制订计划、零缺陷执行和快速产生价值二者并重等措施，创新者可以成功应对各种复杂问题。他们与利益相关者通力合作，分析当前形势，设计可行方案，全面认识项目目标、质量标准和风险因素。他们能够仔细确定目标范围，合理规划阶段性任务，以最快的速度让客户享受到可以取得的成果。他们利用实验的方式，结合“快速试错”的法则，对之前的假设和制定的策略进行修正。他们积极寻求衡量指标，并采取其他切实可行的方式对项目进行评估、宣传，在项目进展过程中不断改进工作方法和解决方案。

团队和公司

团队和公司可以结合零缺陷执行和快速产生价值的法则整合流程。当然，每一项法则的实现，都需要领导者首先设定标准，并向团队和项目成员做好宣传、沟通。然后领导者就能采取相应的措施，如在项目执行之前或之后对管理模式的变化进行事前或事后审查。对管理模式变动的事前审查，可以确保项目方案准确体现业务进展和风险状况。对管理模式变动的事后审查，可以使我们学习借鉴项目执行过程中的经验教训。团队甚至可以设置“事后预先”审查环节，这要求我们假定所有进程都可能会出现问题，并制定有针对性的应急预案。

•如•何•执•行•

※ 要有信心把梦想变为现实。

※ 激情能产生动力，带来积极的态度，要有决不放弃的信念。

※ 要重点关注能够体现结果和实现承诺的事项。

※ 要以共同的目标构建最好的团队，每个人都要“胸怀使命”。

※ 要追求“零缺陷执行”，提高业绩标准，始终朝着更高的目标努力。

※ 要将每个项目分成几个小的阶段，不断追求短期可实现的目标。

※ 要注重核心目标，规避意外情况。

※ 要持续关注核心目标，避免因不重要的问题而分散注意力。

※ 对于不可预见的情况，要保持适度的弹性，做出正确的判断，制订替代方案。

※ 针对每个项目 / 方案，订立事前、事后的目标基准。

※ 实时评估、展示和庆祝取得的各项成果。

變/变

当创新变得习以为常时，改进就不会停止。创新者不会沉溺于往日的荣光，他们甚至很少会关注这些。改变很难，持续改变更难，创新者对此心知肚明。

变，实际上是创新过程中一个不断循环的“生命周期”。创新者总是在不断寻找新的创意，或者对自己过去的思路进行改善，以让新的思路更好、更快、更节俭。

肯尼迪总统曾经说过：“变化是生命的法则。对于那些沉迷于过去或者只注重眼前的人来说，他们注定会失去未来。”享受过去的成就和当前的业绩自然非常容易，但是不断超越我们已经跨越的高峰，则是一件更为激动人心而又值得享受的旅程。正如达坎·马纳所说：“真正的对手是你自己。”因此，我们都应该不断与自己竞争，与已经取得的成就赛跑。通过这种方式，我们就永远不会自满。

同样的概念也适用于公司和机构。如果与自己竞赛，我们就永远不会停止奔跑，而不管竞争对手如何。拥有创新的激情、必胜的信念，加上不断地超越自我，必将会给公司带来实实在在的业务价值，也必将推动公司在竞争中取得胜利。

变——有效性水平

◆第一层次：志得意满

在第一层次，我们对于自己的努力和取得的成就相当满足，正处于一种功成名就的阶段。对于公司当前的发展战略和竞争定位，以及我们在其中发挥的作用，我们都感到舒适满足。

◆第二层次：加速前行

在第二层次，我们对于近期的努力和成果感到很高兴，但对于不断变化的形势也保持着开放的心态。我们持续监测公司的战略规划和竞争定位，对需要做出改变的情况，我们时刻保持警醒。

◆第三层次：自我驱动

在第三层次，我们已经在不停地进步。在自己掌控的范围内，我们积极主动地寻求并做出改变，根据新的创意不断调整公司的发展规划。我们不断地探索新的方式来规划公司的战略布局，提高竞争优势。

变——将法则付诸行动的具体步骤

现在让我们总结一下个人、团队和公司应当如何运用“变”这一法则。

个人

对于个人来说，不断创新就意味着，要体现工作成果并为胜利欢呼，但却绝不允许为已经取得的成就自满。我们可以秉持“最好的当属未来”这样一种信念，不断寻求各种途径改善和提高。当我们身处困境时，这也同样适用。我们要一直保持积极的心态，不要在自己无法控制的事物上浪费时间。创新者从不拒绝学习的机会，他们会主动寻求这样的机会。

团队和公司

团队经常会沉迷于自己实现的不俗业绩，但这可能会导致一种新的固化状态，因此团队领袖的作用就十分关键。我们要对各种建议保持开放的心态，鼓励解决问题的同时也要鼓励提出问题，并激发新的创意，通过这种方式，我们就能带领团队不断发展，并勇敢地从舒适区走出来。

公司文化应当激发和鼓励员工不断创新。这就要求管理层重视并实施结构化的管理流程，并不断审视现有的解决方案，要求员工想方设法对其加以改善。公司在实践活动中，也要灌输和强化“时刻创新”的理念。

• 如 • 何 • 变 •

※ 要记住你永远在和自己赛跑。

※ 要激发并营造一种不断求变的公司文化——保持创新的态势。

※ 要永远不要满足于以往的成功。

※ 要让员工在不同的岗位之间轮转，用全新的工作向他们不断提出挑战。

※ 要不断寻求下一个新的创意和机遇，推动自身不断提高。

※ 要利用各种途径，分析和评价未来的战略规划——信息可以从供应商、销售商、合作伙伴、风险投资者、初创企业以及类似机构处获取。

※ 为了保持竞争优势，你需要不断求变。

※ 对不断创新、不断求变的员工，要给予奖励。

※ 对于破而后立所取得的成果，要实施准确的评估，并进行高调、广泛的宣传。

※ 要秉持“最好的当属未来”的信念。

本书采访的创新领导者介绍

田莉·奥尔布赖特医学博士（Tenley Albright，MD）

医学博士

麻省理工学院合作项目主管

奥尔布赖特医生是麻省理工学院合作项目的主管，这个项目集合众多专家的力量，为系统性地解决一些深层次的社会问题做出了贡献，这些专家来自各行各业，其研究领域并不局限于这些社会问题本身。

奥尔布赖特医生是哈佛医学院普通外科领域的一名教员和讲师，目前也就职于美国科研（Research!America）董事会，以及布隆伯格家庭基金会（Bloomberg Family Foundation），此前曾是国立卫生研究院（National Institutes of Health）下属美国医学图书馆（Board of Regents of the National Library）的董事会主席，目前任该组织顾问，同时也是美国国会研究中心（Center of the Study of the Presidency and Congress）的全国顾问委员会委员之一；她还曾经任职于西氏医药服务公司（West Pharmaceutical Services，Inc.）、道富银行和麻省理工学院怀海德研究所（Whitehead Institute），目前已经担任世界卫生组织代表达 4 年之久，还被介绍进入军事卫生系统荣誉协会（Military Health System Honor Society）。奥尔布赖特医生是 2011 年白宫研究员瓦伦蒂奖（White House Fellows Valenti Award）的获奖者。

奥尔布赖特医生最初在拉德克里夫学院（Harvard Medical School）就读，之后毕业于哈佛医学院，目前已经获得 8 个荣誉学位。此前，她曾经获得奥运会花样滑冰金牌。

黛博拉·安科纳（Deborah Ancona）

塞利管理特聘教授
公司研究教授
麻省理工学院领导力中心主管

黛博拉·安科纳对“成功团队是如何运作的”这个专题进行了一系列开创性的研究，阐明了团队内部和外部管理的极端重要性。这项研究直接引出了“X- 团队”的概念，人们利用这种思路在大型公司内部推动创新活动的开展。她的研究领域还包括分布式领导力的概念、研究型工具、实践的发展，以及教育和培训模型，推动公司在各个层面上完善创新领导水平。

她是《X- 团队：如何构建团队，引领、创新和制胜》（*X-Teams:How to Build Teams That Lead*，*Innovate*，*and Succeed*）［哈佛商学院出版社（Harvard Business School Press）于 2007 年 6 月出版］这本书的作者，也是“赞美那些不完美的领导者”［2007 年 2 月发表于《哈佛商业评论》］等相关论文的执笔人。除了《X- 团队》这本书，她对团队表现的研究成果还发表在《管理科学季刊》（*Administrative Science Quarterly*）《管理学会杂志》（*Academy of Management Journal*）《组织科学》（*Organization Science*）以及《斯隆管理评论》（*Sloan Management Review*）等专刊上。她的上一本著作是《未来管理：组织行为和流程》（*Managing for the Future:Organizational Behavior and Processes*）［西南学院出版社 (South-Western College Publishing 出版］，主要讲述了在当今多元化和不断变化的公司内部，实施管理所需的技巧和流程。安科纳还曾经在多家公司担任领导顾问，这些公司包括美国电报电话公司 (AT&T)、英国石油公司 (BP)、瑞士信贷第一波士顿银行 (Credit Suisse First Boston)、美林银行（Merrill Lynch）、新闻集团 (News Corporation) 以及巴西淡水河谷公司 (Vale) 等。

安科纳获得宾夕法尼亚大学（University of Pennsylvania）的心理学学士和理科硕士学位，并获得了哥伦比亚大学 (Columbia University) 管理学博士学位。

尤金·陈医学博士 (Eugene Chan，MD)

基因医学研究所创始人、总裁及首席科学家

尤金·陈医生是医学界的创新者，对基因学技术、医疗器械和设备的使用和发展做出了巨大贡献。他设立的基因医学研究所，主要致力于提升医疗护理水平、缓解患者病痛，并通过创新来治疗疾病。尤金以最优异的成绩从哈佛大学毕业，并在哈佛医学院和麻省理工学院 HST 项目中取得了不俗的成绩。在哈佛医学院的布莱根妇科医院（Brigham and Women's Hospital），他完成了自己的内科实习计划，并在美国多个州取得了行医执照。医学培训中断 6 年之后，他成立了美国基因组公司（U.S. Genomics），并担任总裁和首席执行官，根据其对单分子荧光进行 DNA 探测的数据，公司已经设计出两款商业 DNA 分析仪器。这项技术在无须血液培养的情况下，就能对复杂的传染病进行监测。美国基因组公司已经募集了超过 11.5 亿美元的资金，多名诺贝尔奖得主和美国国家科学院成员也都参与进来。他本人拥有的全球范围内已发布和即将注册的专利总数超过 39 项。他被美国《时尚先生》（*Esquire magazine*）杂志评为“精英人士”之一，《麻省理工科技评论》（*MIT Technology Review*）认为他是“35 岁以下的 100 位顶尖创新者”之一。他的工作成果得到了《财富杂志》（*Fortune*）《福布斯》（*Forbes*）《新闻周刊》（*Newsweek*）《美国科学》（*Scientific American*）以及《纽约时报》（*New York Times*）的高度评价。

吉拉德·切特文（Gerald Chertavian）

Year Up 公司创始人、首席执行官

吉拉德·切特文是 Year Up 公司的创始人，这是一个旨在推动城市年轻人融入主流经济社会的创新项目。Year Up 公司的年度运营费用超过 6 000 万美元，它是全美发展最快的非营利性项目之一，《快速公司》（*Fast Company*）杂志和摩立特集团认为，在利用商业模式推动社会进步方面，Year Up 公司是做得最好的 25 家机构之一。因为其公益创意举动和青少年成长项目，吉拉德赢得了无数的奖励和荣誉，他的事迹登上了《纽约时报》《今日美国》（*USA Today*）《新闻周刊》（*Newsweek*）《吉姆·赖勒新闻时间》（*The NewsHour with Jim*

Lehrer）以及《福克斯商业报道》（*Fox Business*）等。他目前就职于马萨诸塞州的中小学教育委员会（Board of Elementary and Secondary Education）、哈佛商学院社会企业发展中心咨询委员会（Board of Advisors for the Harvard Business School Social Enterprise Initiative），近期还在“克林顿全球倡议”（Clinton Global Initiative）活动中担任工作会议主持，专注于推动美国经济增长。吉拉德是鲍登学院和哈佛商学院的毕业生，与其夫人和3个孩子住在波士顿。他写的《*A Year Up*》是《纽约时报》评选的畅销书。

狄恩·卡门（Dean Kamen）

美国德克公司创始人和总裁

狄恩·卡门是一位发明家、企业家，也是科学和技术的拥护者。他在全球持有440多项专利，其中许多都是关于创新医疗设备方面的，在全球健康护理方面处于领先水平。当他还是一名在校生的时候，就发明了世界上第一台可穿戴式输液泵。1976年，他成立了自己的第一家医疗设备公司——AutoSyringe公司，来生产和推销输液泵。

在将AutoSyringe公司出售之后，他成立了德克公司，生产和设计内部研发的各类设备，同时为大型公司客户提供研究和开发服务。举例来说，德克公司开发的科技设备包括HomeChoice ™便携式血液透析机、iBOT ™移动设备、Segway ™人体运输机、美国国防高级研究计划局（DARPA）资助的项目机械手臂、新改进的斯特林引擎以及Slingshot净水器。

卡门先生的成果赢得了许多奖励，包括2000年的美国国家技术奖（National Medal of Technology）和2002年麻省理工学院颁发的莱梅尔逊奖（Lemelson-MIT Prize）。2005年他入选了美国发明家名人堂 (National Inventors Hall of Frame)，从1997年开始他就一直是美国国家工程院（National Academy of Engineering）的成员。

除了建立德克公司，卡门先生最得意的成就之一，就是成立了一家支持和鼓励科技创新机构——FIRST，这家机构致力于培育下一代对科技的认知、利用和享受。自1989年成立以来，到今年为止，FIRST已为全球50多个国家超过30万名6~18岁的孩子提供了服务。高年级的参加者也可以申请超过1 500万美元的奖学金，这些奖学金是由顶级的学院、大学和企业资助的。

达坎·马纳（Tarkan Maner）

慧智科技前总裁和首席执行官

达坎·马纳是信息科技公司（Information Technology）全球执行主管、投资人、咨询师，运作和投资领域包括：信息安全、基础设施管理、社交媒体、移动设备、可视化设备、融合式基础设施、情景智能以及云计算技术。他曾经在戴尔公司、慧智科技、首都航空、IBM、Quest和Sterling软件公司担任管理职位，也是TechAmerica在各州和当地政府的云计算委员会创会主席，曾经服务过、当前正在服务的机构包括：湾区委员会（Bay Area Council）、世界经济论坛网络安全联盟（World Economic Forum's Cyber-Security Alliance）、硅谷教育基金（Silicon Valley Education Foundation）以及硅谷领袖集团（Silicon Valley Leadership Group）。其中，硅谷领袖集团是由各公司高级主管组成的联盟，其成立目的是针对创新和发展等公共和私人政策问题提出倡议，以不断提高硅谷本地乃至全球居民的生活质量。

他曾经参与过一些非营利组织和项目，围绕经济发展、消除贫困、创业指导、教育以及社会公平等问题，为之做出规划、提出建议和筹集资金，具体包括安永合作计划（E&Y Collaborative Initiatives）、全球创业指导基金会（Network for Teaching Entrepreneurship，NFTE）、斯科科沃计划（Project Skolkovo，俄罗斯）以及非洲电子教育计划（eLearning Africa）。

此外，达坎·马纳还是多家IT初创公司及委员会的咨询委员，2012年加利福尼亚安永企业年度大奖（2012 E&Y Entrepreneur of the Year）的得主。在媒体和学术圈中，他还是一位繁忙的演讲者、评论员和作家，涉及领域包括当前商业、经济和社会问题。

达坎·马纳毕业于土耳其伊斯坦布尔科技大学（Istanbul Technical University），取得了工程管理学士学位。而后又在美国中部德克萨斯州威奇托福尔斯市，获得中西部州立大学（Midwestern State University）MBA学位。他还与多名当前的商界和政界领袖一起，参加哈佛商学院的高级管理课程。他热爱体育、政治、艺术、书籍、自然、历史、地球、创意和他人。

汤姆·门多萨（Tom Mendoza）

NetAPP 公司副总裁

汤姆于 1994 年加入 NetAPP 公司负责销售工作，2000 年成为公司董事长，2009 年成为公司副总裁。

汤姆曾经向全球听众讲述公司文化和领导力的重要性，其听众范围十分广泛，包括美国海军陆战队（U.S. Marine Corps）、西点军校（West Point）、CIO 论坛（CIO forums）、甲骨文的领导团队（Oracle’s Leaders Circle）以及斯坦福大学（Stanford University）。2009 年，他与 NetAPP 公司的主席丹·霍浩文（Dan Warmenhoven）一起荣获了摩根士丹利全球贸易领导奖（Morgan Stanley Leadership Award for Global Commerce）。

汤姆就读于美国圣母大学（University of Notre Dame），并获得了学士学位，也是斯坦福大学（Stanford University）业务执行计划的校友。2000 年 9 月，圣母大学将其商学院命名为门多萨商学院，以表示对汤姆和凯蒂·门多萨（Kathy Mendoza）捐资的纪念。

海军上将迈克尔·马伦（Admiral Michael Mullen）

美国参谋长联席会议主席

海军上将

马伦上将是参谋长联席会议（Joint Chiefs of Staff）的第十七任主席（2007~2011）。他是乔治·布什总统和奥巴马总统以及两任国防部长的主要军事参谋。

他带领军队走过了一段关键时期，包括实施伊拉克空袭、阿富汗新的军事策略等。他推崇开发并应用创新科技，重视新兴和持久的国际伙伴关系，并在打击恐怖主义方面采取了新的措施。

在复杂机构及不断变化的环境下，马伦上将积累了丰富的军队领导经验，包括行政发展和继任计划、多样化发展、危机管理、战略规划、预算政策、国会关系、风险管理、技术创新和网络安全等。作为布什和奥巴马两位总统值得信任的参谋，马伦上将被人们广泛认为是“诚实的中间人”（honest broker），并且他与全球许多领袖保持着紧密的联系。

马伦上将及其夫人黛博拉（Deborah）是伤残退伍军人及其家人的坚定支持者，在许多重大问题上吸引了公众的关注和机构的注意力。

马伦上将是土生土长的洛杉矶人，1968 年毕业于美国海军学校（U.S. Naval Academy）。他拥有丰富的海军舰艇指挥经验，也具备各级别的晋升经历，并曾经在北大西洋公约组织（NATO）就职，这一切都为他被任命为第二十八任美国海军作战部长打下了基础。

马伦上将毕业于美国海军研究生院（Naval Postgraduate School），获得了运筹学硕士学位，并在哈佛商学院修完了进阶管理课程。

内森·梅尔沃德（Nathan Myhrvold）

高智资本（Intellectual Ventures）创始人

作为微软公司的首席战略家和首席技术官，内森·梅尔沃德退休之后，创立了高智资本。

在微软工作 14 年间，梅尔沃德组建了微软研究院（Microsoft Research）和许多科技小组。梅尔沃德本人也是一位多产的发明家，他被授予的专利有上百项，还有上百项专利正在等待授权。

在加入微软公司之前，他是剑桥大学（Cambridge University）应用数学和理论物理专业的一名博士后，曾与史蒂芬·霍金（Stephen Hawking）一起共事。梅尔沃德获得了普林斯顿大学（Princeton University）理论和数理物理学的博士学位，以及数理经济学的硕士学位，还获得了美国加州大学洛杉矶分校（UCLA）的地球物理和空间物理硕士学位，以及数学学士学位。

作为一名狂热的自然和野生动物摄影师，梅尔沃德博士的摄影作品收录在《美国 24/7》（*America 24/7*）以及《华盛顿 24/7》（*Washington 24/7*）这两本书中，照片记录了人们一周的生活和 2003 年春天美国的自然风光。他的研究成果被刊登在许多科学杂志上，包括《科学》（*Science*）《自然》（*Nature*）《古生物学》（*Paleobiology*）《环境研究快报》（*Environmental Research Letters*）《北美古脊椎动物学报》（*Journal of Vertebrate Paleontology*）以及《物理评论》（*Physical Review*）上，他同时也为许多杂志和在线新闻撰稿，包括《哈佛商业评论》《华尔街日报》（*The Wall Street Journal*），以及《财富》杂志、《时代》（*Time*）杂志、《布隆伯格商业周刊》（*Bloomberg BusinessWeek*）和《国家地理旅行者》（*National Geographic Traveler*）等。2004 年，他为一本书撰写前言，对部分世界上最伟大的发明家进行分析——《果汁:

世界级发明家的创新源泉》（*Juice: The Creative Fuel that Drives World-Class Inventors*）。他同时也被数家顶级的知识产权贸易出版物评为对知识产权影响最大的人物之一。

去年他出版了获奖作品《现代美食：烹饪的艺术和科学》（*Modernist Cuisine: The Art and Science of Cooking*），这是一本烹调书，回顾了现代烹饪所涉及的科学、技术以及技巧。詹姆士彼尔德基金会（James Beard Foundation）把年度烹饪和专业烹饪之书的大奖授予这本书。2012 年，他又出版了《家庭现代美食》（*Modernist Cuisine at Home*），同样得到了社会的高度评价。

山姆·彭明盛（Samuel Palmisano）

IBM 首席执行官，2003~2011

从 2003 年 1 月 1 日到 2011 年 12 月 31 日，彭明盛先生担任 IBM 的主席、总裁和首席执行官。从 2003 年 1 月到 2012 年 9 月他还担任 IBM 董事会主席。在他的领导下，IBM 取得了前所未有的财务业绩，公司转型成为一家全球性的综合企业，并开展了智慧星球（Smarter Planet）计划。

1973 年，彭明盛先生于马里兰州的巴尔迪摩市开始了自己的 IBM 生涯。在与公司一起成长的 39 年间，他担任的领导职位包括个人系统部（Personal Systems Group）高级副总裁和主管、IBM 全球服务部（IBM Global Services）高级副总裁和主管、企业系统部（Enterprise Systems）高级副总裁和主管，以及公司总裁和首席执行官。

彭明盛先生毕业于美国约翰·霍普金斯大学（The Johns Hopkins University），并于 2012 年获得约翰·霍普金斯大学、2005 年获得伦斯勒理工学院（Rensselaer Polytechnic Institute）授予的人文学荣誉博士学位（Honorary Degree of Doctor of Humane Letters）。2006 年，他获得伦敦商学院（London Business School）授予的荣誉学位。彭明盛先生也获得了多项商业荣誉，包括 2009 年大西洋理事会的杰出商业领袖奖（Atlantic Council's Distinguished Business Leadership Award）、2010 年由哥伦比亚商学院（Columbia Business School）的爱德华·戴明质量、生产力和竞争力中心授予的戴明杯（Deming Cup）。他还被选为美国科学技术研究院（American Academy of Arts and Sciences）的会员，同时也是美国国家创新计划竞争力委员会（Council on Competitiveness's National Innovation Initiative）的联席主席。

吉姆·费伦（James Phalen）

道富银行运营和技术部门主管

吉姆·费伦是道富银行执行副总裁、运营和技术部门主管，同时也是道富银行管理委员会的成员之一，该委员会负责制定公司内部最高级别的战略和政策。

此前，费伦先生曾担任道富银行国际投资服务运营和投资研究及交易部门的主管，负责道富银行在北美地区之外的业务战略制定、运营和业务拓展工作。

费伦先生是 CitiStreet 公司的前总裁和首席执行官，CitiStreet 公司是全美最大的全球性退休计划和福利公司之一。在加入 CitiStreet 公司之前，费伦先生曾在道富银行工作 8 年，担任高级职务。在此之前，他是波士顿金融（BFDS）的总裁和首席执行官，波士顿金融是一家道富银行与 DST Systems 公司的合资企业。

费伦先生还是波士顿金融数据服务公司（Boston Financial Data Services）和波士顿医疗服务中心（Boston Medical Center）的主管。他拥有波士顿大学（Boston College）的学历，毕业于斯托尼尔金融研究生院（Stonier Graduate School of Banking）。他还参加过麻省理工学院斯隆管理学院（Massachusetts Institute of Technology's Sloan School of Management）的管理人员发展项目（Executive Development Program）。

琳达·桑福德（Linda Sanford）

IBM 公司转型部高级副总裁

在 IBM 的内部转型战略实施过程中，琳达·桑福德发挥了领导作用，使 IBM 成为全球首屈一指的综合性、智慧型公司。在转型方面，桑福德女士的工作职责包括：整合推动 IBM 各部门转向更加核心的业务流程，构建基础设施框架，支持并整合全球范围的公司流程，以及协助营造一种鼓励创新的公司文化。

桑福德女士曾在 IBM 担任过一系列高级领导职位，包括存储系统、全球工业和大型机事业部等部门的主管。她还是国际技术女名人堂（Women in Technology International Hall of Fame）以及美国国家工程院（National Academy of Engineering）的成员。

桑福德女士是《开放性成长：从价值链到价值网络》（*Let Go To Grow*：*Escaping the Commodity Trap*）这本书的合著者，书中详细描述了成功的企业是如何追求长期发展和实施创新战略的。

桑福德女士毕业于圣约翰大学（St. John's University），而后从伦斯勒理工学院（Rensselaer Polytechnic Institute）获得了运筹学硕士学位，并获得了圣约翰大学授予的商学荣誉博士学位。

约翰·斯文森（John Swainson）

戴尔软件公司总裁

在担任戴尔软件公司总裁期间，约翰·斯文森负责软件内容建设，并推动公司更好地进行创新，为公司向客户提供端到端的IT解决方案提供组织保障。戴尔软件公司的发展增强了戴尔集团的服务能力，加快了其利润增长速度，并通过增加公司具有自主知识产权的解决方案，使公司在差异化发展的道路上更进一步。

在2012年加入戴尔软件公司之前，约翰是全球私募股权公司银湖投资（Silver Lake）的高级顾问，并曾担任多家公司的董事会成员，包括博通公司（Broadcom）、安信龙集团（Assurant）、益华电脑（Cadence Design Systems）和盛瑞纳软件公司（Serena Software）。从2005年年初到2009年年底，他还担任冠群电脑的首席执行官和主管，这是一家位列财富500强的软件公司。

在加入冠群电脑之前，约翰在IBM工作长达26年，他当时在IBM美国和加拿大公司担任多个管理职位，包括担任应用集成中间件部门总经理达7年之久，该部门是他于1997年成立的。在那段期间，他和团队一起开发出了WebSphere软件家族等一系列中间件产品，还设计了IBM Eclipse开源工具。他还领导着IBM全球的软件销售团队，在工程管理、市场营销和销售管理等多个岗位上担任高级领导职务。

约翰毕业于加拿大英属哥伦比亚大学（University of British Columbia，Canada），并获得了工程学学士学位。他目前就职于维萨公司（Visa Inc.）董事会，担任首席董事。

约翰·汤普森（John Thompson）

虚拟仪器公司首席执行官，自 2009 年起为虚拟仪器公司董事会成员

在加入虚拟仪器公司之前，汤普森先生于 1999 年 4 月至 2009 年 4 月间，担任赛门铁克公司董事会主席和首席执行官，该公司是网络安全行业的领头羊。然后，他继续在赛门铁克公司担任董事会主席直到 2011 年 10 月。在担任赛门铁克公司首席执行官之前，汤普森先生还曾经担任过一些高级领导职务，比如 IBM 公司高管，IBM 美国公司的总经理。在担任赛门铁克公司首席执行官的 10 年间，汤普森先生带动这家公司成功转型，使其在安全、存储和系统管理方案方面成为行业领头羊，向全球客户提供世界一流的产品。赛门铁克公司服务的对象包括个人客户以及全球许多大规模的公司。10 年间，汤普森先生帮助公司的业务收入从 6 亿美元增长到 60 亿美元。

在加入赛门铁克公司之前，汤普森先生曾就职于国家基础设施咨询委员会（National Infrastructure Advisory Committee），为美国重要的基础设施安全提供建议，他还曾就职于金融危机调查委员会（Financial Crisis Inquiry Commission），负责调查 2008 年金融危机的起源，并向国会提出建议，采取措施避免或者降低类似事件发生的影响。他是泳动型机器人（Liquid Robotics）的积极投资者，这是世界上第一台波浪发电的自动平台，他还投资于 DOMO 和商业智能新兴平台。汤普森先生还就职于 UPS（联合包裹服务公司）这家全球物流业巨头的董事会以及全球最大的软件公司微软集团。

约翰·汤普森在佛罗里达农业机械大学（Florida A&M University）完成了本科学业，并获得了麻省理工学院斯隆管理学院的管理学硕士学位。

蔡明昊（Ming Tsai）

厨师，餐厅业主

蔡明昊是比尔德美食大奖的获奖厨师，也是蓝姜餐厅和蓝龙餐厅这两家餐厅的主人。他同时也是艾美奖（Emmy Award）的得主，并主持公共广播电视台（PBS-TV）的简易蔡氏烹

饪（Simply Ming）节目，如今该节目已经步入第十个年头。蔡明昊还是 5 本食谱的作者，包括最近的《蔡明昊教你简单烹饪》（*Simply Ming In Your Kitchen*）。

2012 年，国务卿希拉里·克林顿（Hillary Clinton）邀请蔡明昊加入美国国厨队（American Chef Corps），代表美国参加“外交烹饪合作伙伴”项目（Diplomatic Culinary Partnership Initiative）。美国国厨队是美国厨师的联合体，通过参加一些政府活动，以美食推动美国的外事交流。

蔡明昊是食物过敏和过敏反应联合体（FAAN）的全国发言人。他还与马萨诸塞州立法机关一起对 S.2701 法案进行修订，要求当地餐厅遵守针对食物过敏的相关规定。

作为哈佛大学公共卫生学院营养圆桌组织（Harvard School of Public Health's Nutrition Round Table）的会员，蔡明昊也热心支持多项慈善活动，包括大哥哥大姐姐基金（Big Brothers Big Sisters）、凯姆尼利基金会（Cam Neely Foundation）、家庭关爱基金会（Family Reach Foundation）和大波士顿粮食银行（Greater Boston Food Bank）等。

后记

我坚信，“改变”是我们通向未来的桥梁，我们要自信地迈过这座桥梁，而不要流连回顾。在写作本书的过程中，我得到了二者兼顾的机会，这让我在尝试新鲜事物的同时，还能回顾历史。

回顾我数十年来的职业生涯，其中满是挑战和喜悦的片段。对于我这样一个女孩而言，3 家伟大的公司向我提供机会，是我此前从来不敢想象的。许多伟大的领袖们教给我各种知识，这些我都已经在本书中记录下来，他们还赠予我最为珍贵的礼物，那就是追求改变的激情和勇于求胜的心态。

回顾我在道富银行的职业生涯，我看到，公司无数的业务部门紧密合作，推动其成为统一的、前瞻性的全球机构。我看到，公司全球的业务团队在共同的技术蓝图指引下，按照统一的流程，向着清晰的目标迈进。我看到，熟练的技能和业务操作已经成为公司的第二天性，在提高业务价值、完善衡量标准、优化结构流程、完美执行方案和快速实施创新等领域，公司已经驾轻就熟。在云计算、大数据和分析等方面，道富银行已经步入“最优行列”，处于行业领先地位，这让我感到既骄傲又荣幸。

回顾作为首席创新官的经历，我想起了自己精干优秀的团队，他们由富有经验的员工、学生和冉冉升起的年轻新星组成。我们取得了优异的成绩，首创并推广了像道富银行的创新合作社区这样的新工具和新举措，把全体员工对创新的重视程度提升到了前所未有的高度，推动创新成为道富银行“日常业务”的完整一环，并使之成为公司的传统。

我希望本书所讲的8大法则，也会对其他许多个人、团队和公司有所启发，正如他们对我和我的团队所做的贡献一样。当我们准备迎接未来革命性转变的时候，我希望每个人都能够时刻牢记，在每一天的旅程中，面对各种困难和挑战，要不断从中找寻愉悦和欢欣！

现在，我想和大家分享自己最喜欢的一句名言，这也是非常有纪念意义的一句名言，经常被拿来激励未来的军官，鼓励他们努力实现那些看起来难以完成的目标，但这句话对于我们这些创新者开拓创新也是适用的：

比别人更敢冒险，
比别人更敢关照，
比别人更敢梦想，
比别人更敢期望。

◆致谢

我首先要感谢的是玛茜·温特劳布，她是我过去10年里在道富银行工作的主管，是一个十分敬业而又满腹才华的人，同时也是一个充满激情的领导者，时刻准备做出改变。对于我坚持的法则，她敏锐地看到了它们的价值，并一直鼓励我与大家分享。玛茜善于沟通和写作,在本书的思路整理和文字写作过程中，她给予了我大量无私的帮助。没有玛茜，本书或许问题多多。

我也要感谢我的弟弟毛正良，他给我提供了许多中文参考资料。他是普林斯顿大学东方研究专业的文学学士，同时也是哈佛大学东亚语言和文化专业的文学硕士。

我还要感谢我的姐妹毛正容和毛正方，她们倾力支持本书的写作，为我提供了源源不断的帮助。

许多优秀的管理者和创新领导者为本书提供了建议，他们慷慨大方地与读者分享他们的智慧,在此我想对他们表示衷心的感谢。他们分别是(按照字母顺序)：田莉·奥尔布赖特医生、黛博拉·安科纳、马克·安德森、尤金·陈医生、吉拉德·切特文、狄恩·卡门、达坎·马纳、汤姆·门多萨、迈克尔·马伦上将、内森·梅尔沃德、山姆·彭明盛、吉姆·费伦、琳达·桑福德、约翰·斯文森、约翰·汤普森以及蔡明昊。从他们那里，我学到了很多，经过他们的启发，并与他们保持朋友和合作关系更是让我受益匪浅。对于本书的成书，他们给予了巨大的支持、慷慨的帮助、无私的指导和热情的协助，我要向他们每一个人都表示感谢。能有幸得到这么多人不可思议的支持和帮助，只能说是老天对我的眷顾。

我还要特别感谢吉姆·费伦在本书的写作过程中给我的持续鼓励和帮助。

我要向罗恩·罗格表达我深深的敬意，他为本书专门撰写了序言，而且我们在道富银行共事期间，他作为领导者的远见卓识让我甚为敬佩。罗恩能够清晰地描绘组织未来的发展蓝图，制定高标准目标，并以此激发创新。他对达成目标者会亲自给予认可和表彰。

我要感谢戴夫·康蒂（Dave Conti），他在很短的时间里，熟练地完成了本书的编辑和修订工作，使我能更清晰、准确地表达自己的思想和观点。

我还要感谢我的代理人乔丽·蒂博格（Joelle Delbourgo），在本书的写作过程中，我有幸得到了她全程的协助。

我要感谢道富银行的高层管理团队，在将创新融入公司日常工作的过程中，他们的鼓励和支持不可或缺。

我想感谢杜恩·巴顿（Duane Barton）、艾莉·卡洛芬（Ellie Carlough）、艾琳·多尔蒂 (Elaine Doherty)、格里·高登（Gregory Golden）、大卫·柯尼斯（David Knies）、安娜·曼维尔（Anna Manville）、卡西·迈尼罕（Cathy Minehan）、兰迪·欧里尔（Randy O’Rear）、罗娜·兰（Lorna Rankin）、霍华德·罗宾（Howard Rubin）、邓仁均（Lenny Teng）和安德鲁·薛（Andrew Xue），他们提供的支持无比珍贵。

我也要感谢道富银行全球基础设施服务和创新部门，感谢部门直接向我报告的高级经理，感谢部门的全体员工，在这里我只能列举部分人的名字，但我为你们每一个人取得的成绩感到自豪。我也要感谢多位合伙人，我能取得成功，与你们的大力支持密不可分。

最后，我要感谢多年来工作中的诸位领导，你们的指点、引导和帮助让我心存感激。

作者简介

毛正行是一位演说家、作家，也是毛正行咨询有限责任公司（Madge Meyer Consulting，LLC）的创始人，她因在推动公司创新和领导方面独特而实用的技巧而闻名于世。

毛正行曾在道富银行担任首席创新官和技术主管，并担任执行副总裁长达10多年。在这10多年间，作为道富银行的咨询代表，她参加了麻省理工学院合作项目，对一些问题提出创新型的解决方案，这些问题的范围十分广泛，包括全球健康可持续性问题、教育问题以及退伍军人重返社会问题等。

由于在行业发展和团队建设方面的成就，毛正行获得的奖项高达12项之多，包括银行系统与技术组织（Bank Systems & Technology）颁发的“8位经营创新者”（Elite 8 Innovators）以及《银行技术快讯》（*Bank Technology News*）授予的“年度十佳创新者”（10th Annual Innovators List）称号，这些都是对利用创新提高公司竞争优势的高管的认可。毛正行在道富银行的团队也因为创新表现突出和业绩优异，得到了32项大奖，其中包括12项信息技术行业环境可持续发展奖项。

在加入道富银行之前，毛正行是美林银行企业技术服务部门（Merrill Lynch's Enterprise Technology Services）的第一副总裁。在职业生涯早期，她曾经是 IBM 的一名技术研究员，参与了美国国家航空航天局双子座太空飞船项目。随后，她担任过 IBM 的多个管理职位，负责公司的信息科技和电子通信业务。

毛正行毕业于玛丽哈丁贝勒大学（University of Mary-Hardin Baylor）数学和化学专业，同时也曾经在圣路易斯大学（St. Louis University）就读。目前她就职于华尔街技术协会（Wall Street Technology Association）董事会，同时也是塞拉资本信息咨询委员会（Sierra Ventures CIO Advisory Board）的成员、西蒙斯大学管理学院商业顾问委员会（Simmons College's School of Management Business Advisory Council）成员、环球（Globespan）信息咨询委员会成员、华美福利会（Asian American Civic Association）咨询委员会成员，同时也是基因医学研究所业务咨询委员会（DNA Medicine Institute Business Advisory Board）成员。

毛正行坚定地认为，通过不断开发和践行新的创意或解决方案，不断创造商业价值，不断提高公司竞争优势，创新正变得日益“习以为常”。